cyril lignac

chef

cyril lignac

chef

Collaboration rédactionnelle de **Sophie Brissaud**
Photographies de **Mickaël Roulier**
Stylisme de **Emmanuel Turiot**
Reportage de **Philippe Vaurès-Santamaria**

HACHETTE
Pratique

Il y a dans la vie des étapes incontournables, des moments privilégiés où l'on contemple le chemin accompli pour mieux progresser. Aujourd'hui, en 2007, tel est mon état d'esprit. Depuis mon premier livre, *Cuisine Attitude*, l'émission Oui Chef ! et l'ouverture de mon restaurant Le Quinzième, une évolution s'est faite. En trois ans, je n'ai pas vu le temps passer. Et pourtant je me suis affirmé, j'ai appris. Mon aventure de chef m'a mené autour du monde, m'a ouvert à la diversité des gens, des cuisines, des saveurs, en même temps que mon expérience devenait plus solide et plus profonde. Vous raconter toute la richesse gourmande de ces trois années de travail semble impossible : c'est pourtant bien ce que je compte faire à travers les recettes de ce livre.

Je place cet ouvrage sous le signe du travail. Dans la vie d'un chef, c'est la règle d'or, la solution de la plupart des problèmes. C'est un principe complexe : il ne veut pas seulement dire « effort », mais aussi étudier, apprendre, voyager, réfléchir, adapter, inventer, oser, échouer et recommencer. Ma cuisine est le laboratoire de cette évolution. Plus j'avance en âge – la trentaine, déjà… –, plus je suis persuadé que l'essentiel, c'est la cuisine, encore et toujours la cuisine.

Ces recettes sont celles de la maturité. Je les ai organisées en six chapitres, correspondant à six principes qui me sont chers et définissent mon style : **générosité**, parce que cuisiner, c'est donner ; **simplicité**, parce que le plus simple est encore le meilleur ; **émerveillement**, parce que les desserts continuent de me fasciner ; **famille**, parce que mes racines restent la base de mon inspiration culinaire ; **exigence**, parce que c'est sur elle que se structure la carrière d'un chef ; et enfin **audace**, la condition indispensable du renouvellement de soi.

À travers ces recettes et ce parcours, je vous propose de partager avec moi cette passion de la cuisine et mon amour toujours grandissant pour mon métier de chef.

Cyril Lignac.

À mes cuisiniers et à tous ceux qui, de près ou de loin,
partagent cette passion qui nous anime…

sommaire

Donner, transmettre, partager, c'est la base de la cuisine. On peut cuisiner pour soi, mais on le fait tellement mieux pour les autres. Surtout quand on reçoit la famille, les amis : vive les grandes tablées ! Un chef doit préparer un repas pour cent personnes comme s'il le faisait pour deux amoureux. Et vous aussi, que vous receviez six, dix, ou vingt convives, pas question d'être pris au dépourvu. Pour faire simple et généreux, il faut avoir de grandes cocottes, de vastes plats à four et l'esprit large. Il faut aussi ne pas avoir peur des soupes (la soupe au pistou, par exemple, peut être un merveilleux plat de fête), savoir tirer parti des gratins, et apprendre la leçon des cultures traditionnelles – Méditerranée, Inde, Afrique du Nord – depuis longtemps rompues à l'art du plat collectif. Bon appétit tout le monde !

générosité

Préparation : 35 min - Cuisson : 35 min - Pour 4 personnes

Millefeuille de poisson à la grecque

800 g de filet de gros poisson à chair ferme (thon, espadon, saumon), taillés en 8 escalopes de 2 cm d'épaisseur et de 8 cm de côté environ
500 g de grosses pommes de terre à chair ferme, de forme régulière
2 grosses tomates
2 gros oignons
1 gros citron non traité + le jus de 1 citron
4 gousses d'ail
3 branches de persil plat
10 cl d'huile d'olive
1 cuil. à café d'origan séché
sel, poivre du moulin

Épluchez et rincez les pommes de terre, coupez-les en grosses tranches régulières de 2 cm d'épaisseur environ, et faites-les cuire 10 min à l'eau frémissante salée ; gardez-les un peu fermes, elles ne doivent pas se défaire. Égouttez-les et laissez-les tiédir.

Pendant ce temps, préchauffez le four à 180 °C (th. 6).

Coupez les tomates en tranches horizontales ; vous devez obtenir 8 belles tranches rondes. Jetez les 2 tranches du haut et du bas.

Épluchez les oignons et coupez-les horizontalement ; vous devez aussi obtenir 8 tranches rondes, sans utiliser la première ni la dernière tranche.

Coupez les deux extrémités du citron et taillez-le en 8 fines rondelles.

Épluchez et hachez l'ail. Hachez le persil plat. Mélangez les deux.

Dans un plat à gratin, versez le tiers de l'huile d'olive et étalez-la bien. Répartissez les 8 tranches de pommes de terre sur la surface du plat, couvrez chacune d'1 tranche de poisson salée et poivrée. Couvrez le poisson d'1 tranche de citron, puis d'1 tranche d'oignon, et enfin d'1 tranche de tomate. Arrosez le tout de jus de citron.

Saupoudrez de sel, de poivre du moulin et d'origan, arrosez du reste d'huile d'olive en filet.

Faites cuire 35 min au four en arrosant de temps à autre avec le jus de cuisson. Servez tiède.

Préparation : 20 min - Cuisson : 40 min - Pour 6 à 8 personnes

Ma soupe au pistou

500 g de haricots verts frais
500 g de haricots blancs frais à écosser
2 gros oignons
4 courgettes
1 bulbe de fenouil
300 g de courge rouge ou de potiron épluché
1 boîte (400 g) de haricots rouges
1 boîte (400 g) de tomates concassées au jus
2 cubes de bouillon de bœuf
1 bouquet garni (thym, laurier, queues de persil)
250 g de mini-pennes rigate
4 cuil. à soupe d'huile d'olive
sel

Le *pesto rosso*
4 tomates Roma bien mûres
6 gousses d'ail
100 g d'amandes entières mondées
10 tomates séchées à l'huile
les feuilles d'un bouquet de basilic
100 g de parmesan reggiano en copeaux
huile d'olive
sel, poivre noir du moulin

Épluchez et lavez les haricots verts ; écossez les haricots blancs. Épluchez et hachez les oignons. Lavez et brossez les courgettes, épluchez et lavez le fenouil.

Coupez les haricots verts en tronçons de 3 cm environ. Coupez les autres légumes en cubes de 2 cm.

Dans un grand faitout, faites revenir l'oignon 3 min dans l'huile d'olive sur feu doux. Ajoutez les haricots rouges, le contenu de la boîte de tomates et les cubes de bouillon. Laissez bouillir à découvert pendant 5 min, puis ajoutez les haricots blancs et le bouquet garni. Couvrez et faites cuire 20 min.

Préparez le *pesto* : ébouillantez les tomates quelques secondes et pelez-les. Épluchez les gousses d'ail. Mixez-les avec les amandes, les tomates séchées, les feuilles de basilic et le parmesan en ajoutant un peu d'huile d'olive et de sel fin de façon à obtenir une pâte épaisse. Ajoutez les tomates et mixez en pommade. Réservez.

Au bout de 20 min de cuisson, ajoutez les légumes en cubes et les pâtes. Si la soupe est trop épaisse, ajoutez un peu d'eau chaude. Portez à ébullition, remuez, couvrez et faites cuire encore 15 min sur feu doux. Goûtez et rectifiez l'assaisonnement.

Retirez le bouquet garni et servez avec le *pesto*. Chaque convive en ajoutera dans son assiette à volonté.

Préparation : 1 h environ - Cuisson : 1 h en tout - Pour 6 personnes

Grand aïoli revisité

Préparez d'abord les bulots : rincez-les soigneusement dans plusieurs eaux froides en les remuant bien. Égouttez-les. Couvrez-les juste d'eau dans un faitout avec les aromates du court-bouillon, le gros sel et le poivre. Portez à frémissement et laissez cuire doucement 25 min. Laissez tiédir dans le bouillon, puis égouttez.

Préparez l'aïoli : épluchez et dégermez les gousses d'ail. Mettez-les dans le bol d'un mixeur avec la pomme de terre, la moutarde, sel, piment d'Espelette et poivre. Réduisez en pâte fine. Ajoutez les jaunes d'œufs et mixez en ajoutant l'huile d'olive petit à petit. Quand la sauce a bien épaissi et que toute l'huile d'olive est absorbée, ajoutez le jus de citron. Goûtez et salez si nécessaire. Recueillez l'aïoli dans un bol et gardez-le au frais.

Épluchez les pommes de terre, les carottes, les navets, les poireaux ; effilez les haricots et retirez les extrémités des courgettes. Lavez tous les légumes. Faites-les cuire à la vapeur selon leur nature : les pommes de terre doivent être bien cuites, les autres légumes encore un peu croquants.

Pelez les betteraves, coupez-les en morceaux et arrosez-les du vinaigre et d'un filet d'huile d'olive. Salez, poivrez.

Faites chauffer les pois chiches. Dressez-les dans un saladier avec un peu d'huile d'olive, sel et poivre.

Ébouillantez et pelez les tomates. Coupez-les en quartiers et disposez-les sur une assiette. Décorez des feuilles de basilic.

Salez et poivrez le poisson ; faites-le cuire à la vapeur.

Présentez le poisson, les bulots, les légumes, les pois chiches, les betteraves, les tomates et l'aïoli. Chacun se sert à volonté.

1,5 kg de filet de cabillaud bien frais
(ou de tout autre poisson blanc)
6 pommes de terre charlotte
6 petites carottes
6 petits navets
6 petits blancs de poireau
6 courgettes bien fermes
250 g de haricots verts
6 petites betteraves rouges cuites
2 cuil. à soupe de vinaigre de vin
1 grosse boîte de pois chiches
6 tomates mûres
feuilles de basilic
huile d'olive
sel, poivre du moulin

Les bulots et leur court-bouillon

2 kg de bulots bien vivants
2 feuilles de laurier
1 piment rouge frais
1 bouquet de thym
2 poignées de gros sel
10 grains de poivre

L'aïoli

4 à 6 gousses d'ail
1 petite pomme de terre cuite et épluchée
1 cuil. à soupe de moutarde
1 pincée de piment d'Espelette
2 jaunes d'œufs
huile d'olive (environ 50 cl)
le jus de 1/2 à 1 citron, selon votre goût
sel, poivre du moulin

Préparation : 25 min - Cuisson : 30 min - Pour 4 personnes

Seiche à la rouille

1 kg de gros blancs de seiche nettoyés
2 oignons
2 échalotes
3 gousses d'ail
1 bouquet garni (1 branche de thym, 1 feuille de laurier, quelques brins de fenouil, quelques queues de persil plat)
1 cuil. à café de paprika ou de piment d'Espelette
35 cl de vin blanc sec
1 cuil. à soupe de concentré de tomate
1 kg de pommes de terre
200 g d'aïoli fraîchement préparé (voir recette du grand aïoli, p. 17)
4 cuil. à soupe d'huile d'olive
sel, poivre du moulin

Coupez les blancs de seiche en carrés de 4 à 5 cm. Faites-les revenir à l'huile d'olive dans un autocuiseur. La seiche va rendre de l'eau ; laissez-la revenir tant que l'eau n'est pas entièrement évaporée. Retirez les morceaux de seiche du récipient et mettez-les de côté.

Épluchez et hachez les oignons et les échalotes. Écrasez l'ail. Versez encore un peu d'huile d'olive dans l'autocuiseur et faites-y légèrement dorer les oignons et les échalotes. Ajoutez la seiche et le bouquet garni, salez, poivrez, saupoudrez de paprika ou de piment d'Espelette et laissez cuire doucement à feu doux.

Pendant ce temps, versez dans une casserole le vin blanc et la même quantité d'eau, délayez-y le concentré de tomate et portez à frémissement. Versez ce mélange sur la seiche, fermez l'autocuiseur et laissez cuire 30 min à feu doux dès que la soupape chuchote.

Épluchez et lavez les pommes de terre. Coupez-les en gros cubes et faites-les cuire 20 min à la vapeur.

Versez le contenu de l'autocuiseur dans un plat creux, retirez le bouquet garni, ajoutez l'aïoli et mélangez bien. Déposez les pommes de terre vapeur dans un grand plat creux et versez la seiche à la rouille et sa sauce par-dessus. Servez.

Préparation : 35 min - Cuisson : de 15 à 20 min - Pour 6 à 8 personnes

Risi e bisi

1 kg de petits pois frais à écosser
1 gros oignon
120 g de pancetta ou de poitrine salée (ventrèche)
1 petit bouquet de persil plat
1 cuil. à soupe d'huile d'olive
70 g de beurre
300 g de riz pour risotto (carnaroli ou arborio)
15 cl de vin blanc sec
1,5 l de bouillon de volaille peu salé
1 gousse d'ail
1 petit brin de sauge (facultatif)
100 g de parmesan reggiano fraîchement râpé
sel, poivre du moulin

Écossez les petits pois. Épluchez et hachez l'oignon. Taillez la pancetta en bâtonnets. Hachez le persil.

Faites chauffer l'huile d'olive dans une grande casserole avec 50 g de beurre. Faites-y sauter l'oignon et la pancetta pendant 2 min environ, jusqu'à ce que l'oignon devienne translucide, puis ajoutez le riz et mélangez soigneusement pendant 1 min jusqu'à ce que chaque grain soit enrobé de beurre. Ajoutez alors le vin blanc et laissez réduire presque à sec.

Ajoutez les petits pois, la moitié du bouillon, la gousse d'ail non épluchée et la sauge. Portez à ébullition et faites cuire sur feu doux pendant 15 à 20 min, en remuant de temps en temps avec une cuillère en bois. Comme la préparation est plus liquide qu'un risotto classique, il n'est pas nécessaire de la mélanger constamment. Ajoutez du bouillon au fur et à mesure de la réduction.

En fin de cuisson, le riz doit être tendre mais encore légèrement croquant à cœur *(al dente)* mais la consistance du plat doit être assez liquide, comme une soupe épaisse. Au besoin, ajoutez du bouillon. Goûtez et salez si nécessaire.

Retirez l'ail et la sauge. Ajoutez le reste de beurre, le persil haché et le parmesan. Poivrez, laissez reposer 2 min et servez dans des assiettes creuses.

Préparation : 40 min - Cuisson : 45 min - Pour 6 personnes

Ma paella

500 g de grosses gambas
1 petit bouquet de persil
1 feuille de laurier
1 branche de thym
4 gousses d'ail
1 kg de moules de bouchot
1 kg de fèves fraîches
500 g de petits pois frais
250 g de haricots verts
2 poivrons rouges
4 cuisses et hauts de cuisse de poulet (faites découper chaque morceau en 4 par votre boucher)
1 boîte (850 g) de tomates pelées au jus
500 g de riz à longs grains (surinam)
500 g de calmars (demandez à votre poissonnier de vous les préparer)
1 cuil. à café rase de filaments de safran
1 cuil. à café de piment d'Espelette
1 cuil. à café de paprika
2 cuil. à soupe d'anisette ou de pastis
6 cuil. à soupe d'huile d'olive
sel, poivre du moulin

Préparez d'abord le bouillon : décortiquez les gambas et gardez les têtes et les carapaces. Mettez de côté les queues de gambas.

Liez en botte les queues du persil, le laurier et le thym. Couvrez-les d'1 l d'eau dans une casserole, ajoutez les têtes et les carapaces de gambas. Salez, poivrez et portez à ébullition. Laissez frémir 20 min, puis filtrez à travers une passoire fine en pressant bien les ingrédients.

Hachez les feuilles du persil (gardez quelques feuilles pour le décor). Hachez l'ail et mélangez ail et persil.

Grattez et lavez les moules.

Écossez puis décortiquez les fèves. Écossez les petits pois. Épluchez et rincez les haricots verts. Pelez les poivrons rouges avec un économe, retirez les graines et les côtes intérieures. Coupez-les en lanières.

Faites chauffer l'huile d'olive dans la paella. Faites-y dorer les morceaux de poulet sur toutes leurs faces pendant 10 min. Déposez-les sur un plat. Faites ensuite sauter l'ail et le persil pendant 1 min, puis ajoutez les tomates et faites réduire 5 min. Ajoutez le poulet, un peu de bouillon, et laissez mijoter 10 min. Ajoutez le riz et les petits pois ; versez le tiers du bouillon et faites cuire 5 min. Ajoutez alors les moules, les calmars, les fèves, les poivrons, le safran, le piment d'Espelette, le paprika, l'anisette et le reste de bouillon. Goûtez et ajoutez du sel si nécessaire, laissez cuire 10 min ou jusqu'à ce que le riz ait absorbé tout le liquide. Laissez gonfler le riz 5 min hors du feu. Décorez de quelques feuilles de persil plat et servez sans attendre.

Biriani de poulet

1 poulet de 1,2 kg coupé
en 8 morceaux
500 g de riz basmati lavé, trempé
1/2 h puis égoutté
1 grosse pincée de safran
en filaments
15 cl de lait chaud
60 cl de yaourt égoutté (nature)
2 cuil. à soupe de crème fraîche
4 gousses d'ail pelées
1 morceau de gingembre frais gros
comme une noix, pelé
4 cuil. à soupe de feuilles de
coriandre et de menthe hachées
2 oignons coupés en tranches fines
le jus de 1/2 citron
150 g de beurre
amandes effilées grillées pour le décor
sel

épices

épices entières

2 feuilles de laurier, 10 gousses de
cardamome verte, 10 clous de girofle,
4 petits bâtonnets de cannelle,
1 cuil. à café de graines de cumin

épices en poudre

1/2 cuil. à café
de noix de muscade râpée,
1 cuil. à café de piment d'Espelette

Versez le riz basmati dans une passoire fine. Rincez-le sous l'eau froide courante pendant 1 min en remuant les grains avec vos doigts, puis laissez-le égoutter pendant que vous vous occupez de la suite de la recette.

Faites chauffer le safran dans une poêle sèche jusqu'à ce qu'il change légèrement de couleur, versez-le dans un petit bol, émiettez-le avec vos doigts et couvrez-le du lait chaud. Laissez infuser.

Mélangez la moitié du yaourt avec le lait safrané et la crème. Mixez l'ail et le gingembre avec un peu d'eau pour obtenir une pâte fine.

Dans une grande casserole, portez à ébullition 4 l d'eau légèrement salée avec 1 feuille de laurier, 2 gousses de cardamome vertes et 2 clous de girofle. Ajoutez le riz, remuez, faites cuire 4 min à partir de l'ébullition. Égouttez le riz avec les épices.

Faites chauffer le beurre dans une cocotte et faites-y revenir sur feu moyen le reste des épices entières. Lorsque les graines de cumin commencent à sauter, ajoutez les oignons et laissez-les dorer. Ajoutez la pâte d'ail et de gingembre, le piment d'Espelette et la muscade, puis remuez avec une spatule en raclant bien le fond de la cocotte.

Faites légèrement réduire puis ajoutez le poulet, salez, remuez et faites revenir 3 min. Ajoutez le reste de yaourt (non aromatisé) et 20 cl d'eau. Portez à ébullition, couvrez et faites cuire sur feu très doux 30 min environ. Ajoutez le jus de citron et retirez du feu. Préchauffez le four à 180 °C (th. 6).

Dans une grande cocotte en fonte ou en terre, disposez la moitié du poulet, couvrez de la moitié du yaourt safrané puis de la moitié du riz. Recouvrez du reste du poulet, puis du yaourt, et terminez avec le riz. Couvrez la cocotte d'une feuille d'aluminium et froissez bien celle-ci autour du bord pour sceller le récipient ; couvrez et faites cuire 30 min au four. Servez chaud, garni d'amandes effilées grillées et de feuilles de coriandre et de menthe hachées.

« Innover, c'est souvent faire du neuf avec du vieux : par exemple redécouvrir les herbes et les épices, qui peuvent changer un plat du tout au tout. Et apprendre à doser chacune d'entre elles. Pour réussir vos grands repas, leur donner une chaleur conviviale, l'art des épices est un atout. »

Préparation : 40 min - Cuisson : 1 h 30 - Pour 6 personnes

Mon curry d'agneau à la noix de coco,

chutney d'ananas frais et riz basmati

1 kg d'épaule d'agneau désossée et découpée en morceaux de 3 à 4 cm
50 g de noix de coco râpée
1 oignon épluché
3 gousses d'ail épluchées
1 petite noix de gingembre frais épluchée
2 cuil. à soupe rases de poudre de curry
1 carton (20 cl) de lait de coco
1 cuil. à café de poivre noir fraîchement moulu
500 g de riz basmati
2 pots de yaourt crémeux (style « à la grecque »)
1 cuil. à soupe rase de *garam masala*
2 cuil. à soupe d'huile
sel

Le chutney d'ananas frais
1 ananas
1 bouquet de coriandre
1/2 cuil. à café de piment d'Espelette
1/2 cuil. à café de sel

Passez la noix de coco râpée au mixeur pour la pulvériser complètement.

Mixez l'oignon coupé en morceaux, l'ail, le gingembre et la poudre de noix de coco en une pâte fine (ajoutez un peu d'eau si nécessaire).

Dans une cocotte, faites dorer l'agneau sur toutes ses faces dans l'huile chaude pendant 5 à 10 min, puis retirez-le et gardez-le sur une assiette.

Dans la graisse contenue dans la cocotte, faites revenir la pâte d'oignon, d'ail, de gingembre et de coco en remuant bien avec une spatule pour lui éviter d'attacher. Faites cela pendant environ 5 min, jusqu'à ce que la pâte ait bien réduit, puis ajoutez la poudre de curry et l'agneau. Remuez pendant 3 min sur feu doux. Ajoutez le lait de coco et délayez bien le tout. Salez, ajoutez le poivre, couvrez et laissez mijoter 1 h 30 environ, ou jusqu'à ce que l'agneau soit bien tendre.

Pendant ce temps, épluchez l'ananas, retirez le cœur. Hachez la chair au couteau en petits morceaux. Hachez aussi les feuilles de coriandre (gardez-en quelques brins pour le décor). Mélangez l'ananas, la coriandre hachée, le sel et le piment d'Espelette. Gardez au frais.

Faites cuire le riz basmati à l'étouffée dans deux fois son volume d'eau, avec un peu de sel.

Peu avant de servir le curry, ajoutez le *garam masala* et le yaourt et mélangez doucement.

Servez le curry accompagné du riz et du chutney d'ananas.

Préparation : 25 min - Cuisson : 30 min - Pour 4 personnes

Gigot à la ficelle,
sauce verte

800 g de gigot désossé et ficelé, bien débarrassé de la graisse et de la peau
4 jeunes carottes
4 navets nouveaux
4 petites courgettes
1 petite boule de céleri-rave
100 g de pois gourmands
1 botte de cresson
4 petits blancs de poireau
2 cubes de bouillon de bœuf
1 bouquet garni (thym, laurier, queues de persil, 1 branche d'estragon, un peu de vert de poireau)
4 grains de poivre noir
1 oignon
cornichons, moutarde, condiments divers (pour servir)
sel, poivre du moulin

La sauce
2 échalotes
2 branches d'estragon
4 branches de persil plat
200 g de mayonnaise
1 cuil. à soupe de vinaigre de Jerez
sel, poivre du moulin

Préparez la sauce : hachez finement les échalotes, les feuilles d'estragon et de persil. Mélangez le tout avec la mayonnaise et le vinaigre. Salez et poivrez. Gardez au réfrigérateur.

Attachez deux morceaux de ficelle de cuisine à chaque extrémité du gigot en les passant sous les ficelles déjà présentes.

Épluchez les légumes, gardez 2 cm de fanes aux carottes et aux navets. Ne pelez pas les courgettes. Coupez le céleri-rave en morceaux de 5 cm environ. Épluchez les pois gourmands. Triez le cresson après avoir coupé les tiges. Lavez et égouttez les légumes.

Portez à ébullition 2 l d'eau dans une grande cocotte ovale. Ajoutez les cubes de bouillon, le bouquet garni, le poivre et l'oignon épluché. Laissez bouillir jusqu'à ce que les cubes soient dissous. Ajoutez alors le céleri, les carottes et les navets.

Salez et poivrez la viande, plongez-la dans le bouillon. Posez une longue cuillère en bois en travers de la cocotte, parallèlement à l'axe, et attachez-y solidement les deux ficelles de façon que la viande soit suspendue dans le bouillon mais entièrement immergée. Vous pouvez aussi attacher les ficelles aux anses de la cocotte. La viande ne doit pas toucher le fond du récipient.

Après le retour de l'ébullition, baissez le feu et laissez frémir à découvert. Faites cuire 15 min, puis ajoutez les courgettes et les blancs de poireau. Laissez cuire encore 7 min.

Ajoutez les pois gourmands, laissez cuire encore 3 min.

Retirez la viande en soulevant la cuillère en bois. Posez-la sur un plat et retirez les ficelles. Découpez la viande comme un rôti ; servez-la avec les légumes égouttés et 1 petit bouquet de cresson par personne. À part, présentez la sauce, des cornichons, autant de moutardes que vous le désirez, et les condiments de votre choix.

Ne jetez surtout pas le bouillon de cuisson, qui est délicieux : vous pouvez vous en servir pour réaliser des potages ou des consommés.

Préparation : 1 h - Cuisson : 1 h 30 - Pour 6 à 8 personnes

Matériel indispensable : un couscoussier

Mon couscous royal

2 oignons
3 gousses d'ail
4 tomates un peu fermes
250 g de carottes
250 g de navets
3 courgettes
1 bouquet de coriandre
1 kg d'épaule d'agneau découpée en morceaux
1 cuil. à soupe rase de *ras-el-hanout*
250 g de pois chiches (trempés la veille)
1 pincée de safran en poudre
3 cuisses de poulet fermier, séparées en deux
6 merguez
1 bocal ou 1 tube de harissa
3 cuil. à soupe d'huile d'olive
sel

Versez le couscous dans une cuvette bien propre (il faut un grand récipient pour faciliter le travail). Ajoutez l'huile d'olive et mélangez bien. Ajoutez 25 cl d'eau additionnée de 1 cuil. à café de sel fin. Mélangez et laissez reposer.

Épluchez les oignons, l'ail et les autres légumes. Coupez les oignons en deux, puis en tranches dans le sens de la longueur. Écrasez l'ail. Taillez les autres légumes en gros morceaux. Liez la coriandre en bouquet mais gardez quelques branches pour le décor.

Faites chauffer l'huile d'olive dans la marmite du couscoussier et faites-y dorer l'agneau sur toutes ses faces. Ajoutez les oignons et l'ail, faites revenir 3 min, puis ajoutez le *ras-el-hanout* et remuez 1 min. Ajoutez les pois chiches et 2 l d'eau, salez et portez à petite ébullition. Ajoutez la coriandre et le safran. Laissez bouillir doucement.

Égrenez le couscous avec vos doigts, en séparant les grains. Versez-le dans la partie haute du couscoussier, posez celle-ci sur la marmite (au besoin, calfeutrez le joint en l'enveloppant dans un linge propre solidement noué) et faites cuire de 20 à 30 min, ou jusqu'à ce que la vapeur passe à travers le couscous.

Pendant ce temps, confectionnez les brochettes d'agneau en coupant les tranches de gigot en petits cubes et en enfilant ceux-ci sur des brochettes en les alternant avec des morceaux d'oignon et de poivron vert. Frottez ces brochettes de sel et de *ras-el-hanout*.

Versez de nouveau le couscous dans la cuvette, ajoutez les raisins secs et arrosez le couscous de 30 cl d'eau légèrement salée. Égrenez-le avec une fourchette et laissez-le reposer.

Ajoutez le poulet, les carottes et les navets dans la marmite. Continuez la cuisson jusqu'à ce que l'agneau devienne tendre (environ 40 min). Ajoutez alors les courgettes. Égrenez le couscous et versez-le de nouveau dans le haut du couscoussier. Continuez la cuisson jusqu'à ce que la vapeur s'échappe de nouveau du couscous (10-15 min).

Pendant ce temps, poêlez les merguez et les brochettes d'agneau dans un peu d'huile d'olive jusqu'à ce qu'elles soient bien dorées.

Versez le couscous dans la cuvette et ajoutez le beurre en morceaux. Mélangez doucement et longuement afin de bien répartir celui-ci, puis versez le couscous dans un grand plat creux. Creusez-le légèrement et déposez-y les viandes et les légumes égouttés. Ajoutez les merguez et les brochettes. Parsemez le tout de coriandre fraîche hachée.

Versez le bouillon et le reste des légumes dans un saladier ou une soupière, présentez le couscous à table avec le bouillon et la harissa dans des petits bols.

Le couscous

1 kg de couscous fin (ou moyen)
3 cuil. à soupe d'huile d'olive
100 g de raisins secs
150 g de beurre
sel fin

Les brochettes

2 tranches épaisses de gigot d'agneau (500 g environ)
1 oignon
1 petit poivron vert
1 cuil. à café de *ras-el-hanout*
sel

Savon
Argana

Préparation : 40 min - Cuisson : 1 h - Pour 6 personnes

Mes cannellonis

30 g de cèpes séchés
1 petit bouquet de persil plat
1 gros oignon
3 gousses d'ail
1 branche de thym frais
300 g de bœuf haché
200 g de chair à saucisse
1 œuf
18 cannellonis à farcir
sel, poivre du moulin

La sauce tomate
50 cl de coulis de tomate
1 bouquet garni (thym, laurier, queues de persil)
1 cuil. à café de sucre
1 gousse d'ail
2 cuil. à soupe d'huile d'olive
sel

La béchamel
1 cuil. à soupe rase de farine
20 g de beurre
30 cl de lait entier
10 cl de crème liquide
muscade râpée
50 g de parmesan reggiano fraîchement râpé + 30 g environ pour gratiner
sel

Préchauffez le four à 180 °C (th. 6).

Préparez la farce : faites tremper les cèpes séchés dans un bol d'eau chaude pendant 15 min. Hachez finement le persil, l'oignon et l'ail. Effeuillez le thym. Une fois les cèpes trempés, hachez-les finement.

Mélangez à la main, dans un grand saladier, les deux viandes hachées, les cèpes hachés, le persil, l'oignon, l'ail, le thym, l'œuf, sel et poivre.

Préparez la sauce tomate : versez le coulis de tomate dans une casserole, ajoutez la même quantité d'eau, le bouquet garni, le sucre, l'ail juste écrasé. Salez, portez à ébullition, ajoutez l'huile d'olive en filet, couvrez et laissez mijoter 10 min. La sauce doit être assez liquide.

Pour la béchamel, faites revenir la farine dans le beurre pendant 1 min sur feu doux, puis, hors du feu, ajoutez le lait et la crème en fouettant bien pour éviter les grumeaux. Laissez épaissir sur feu doux, sans cesser de fouetter, puis ajoutez un peu de sel et de muscade râpée. Faites cuire 2 ou 3 min sur feu doux, puis ajoutez le parmesan en fouettant.

Farcissez les tubes pour cannellonis, rangez-les dans le plat sans trop les serrer (ils vont gonfler à la cuisson), couvrez-les complètement de sauce tomate, puis nappez de béchamel et saupoudrez du parmesan restant.

Faites cuire 1 h au four. Laissez reposer 5 min hors du four, puis servez.

Préparation : 30 min - Cuisson : 45 min - Repos : 1 h - Pour 6 personnes
Matériel indispensable : un moule à manqué en fer ou en acier
de 25 cm de diamètre environ

Tatin de pommes,
sauce au cidre et à la cannelle

1 kg de pommes reinettes
pas trop grosses
80 g de beurre
120 g de sucre semoule
1 cuil. à café de cannelle en poudre

La pâte
180 g de farine
70 g de beurre
1 pincée de sel

La sauce au cidre et à la cannelle
les cœurs et les épluchures
des pommes
50 g de beurre
50 g de cassonade
20 cl de cidre sec
1 cuil. à café de cannelle en poudre
15 cl de crème fraîche d'Isigny

Préparez la pâte en émiettant la farine, le sel et le beurre du bout des doigts jusqu'à obtention d'un mélange sableux régulier. Ajoutez quelques cuillerées à café d'eau glacée petit à petit, tout en mélangeant, jusqu'à ce que la pâte se ramasse en boule. Pressez-la pour la raffermir, enveloppez-la de film étirable et laissez-la reposer 1 h au réfrigérateur.

Préchauffez le four à 180 °C (th. 6).

Épluchez et épépinez les pommes, coupez-les en quartiers. Gardez les cœurs et les épluchures.

Posez le moule à manqué sur le feu, faites-y fondre le beurre. Ajoutez le sucre et faites cuire doucement en mélangeant jusqu'à obtenir un caramel blond. Veillez à ce que le caramel soit bien réparti sur le fond du moule. Ajoutez la cannelle et retirez du feu.

Étalez la pâte à l'aide d'un rouleau pour obtenir un disque d'un diamètre dépassant celui du moule d'environ 3-4 cm.

Disposez les quartiers de pomme en rosace sur le caramel, côté bombé vers le bas, en les serrant bien. Couvrez toute la surface du moule.

Appliquez la pâte brisée sur les pommes en insérant soigneusement le bord de la pâte entre les pommes et le moule. Faites cuire 45 min au four, ou jusqu'à ce que la pâte soit dorée.

Pendant ce temps, préparez la sauce : faites dorer les cœurs et les épluchures de pomme dans le beurre avec la cassonade et laissez caraméliser 10 min sur feu doux. Ajoutez le cidre et la cannelle, faites réduire de moitié, puis passez à travers une passoire fine en pressant bien. Ajoutez la crème. Gardez au frais.

Laissez reposer la tarte 5 min hors du four, puis démoulez-la sur un plat. Servez avec la sauce au cidre.

Tajine de fruits au miel

- 30 g de raisins secs
- 10 cl d'eau de fleur d'oranger
- 1 ananas
- 2 pêches jaunes
- 2 tiges de citronnelle
- 4 fruits de la passion
- 25 cl de jus d'abricot
- 4 cuil. à soupe de miel
- 30 g de beurre
- 30 g de sucre

1 heure à l'avance, faites tremper les raisins secs dans l'eau de fleur d'oranger. Au bout de ce temps, égouttez-les et gardez l'eau de fleur d'oranger.

Épluchez l'ananas et coupez-le en gros cubes. Épluchez et dénoyautez les pêches, coupez-les en quartiers.

Retirez les côtes extérieures de la citronnelle pour ne garder que le cœur ; coupez-le en bâtonnets de 3-4 cm.

Coupez les fruits de la passion en deux et videz-les dans un petit bol à l'aide d'une cuillère. Mélangez-les avec le jus d'abricot, le miel et l'eau de fleur d'oranger réservée.

Faites fondre le beurre dans un tajine (ou dans une sauteuse). Ajoutez le sucre, la citronnelle, l'ananas, les pêches et les raisins égouttés. Faites sauter pendant 2 min en remuant avec une spatule afin de bien enrober les ingrédients. Couvrez et faites cuire 10 min sur feu vif. Retirez le couvercle, ajoutez le jus au miel, et laissez réduire quelques minutes sur feu doux.

Servez chaud ou tiède.

Préparation : 40 min – Réfrigération : 1h - Cuisson : 30 min - Pour 8 à 10 personnes

Ma galette des Rois,
frangipane, pépites de chocolat

2 rouleaux de pâte feuilletée pur beurre préétalés, ou 500 g de pâte feuilletée pur beurre décongelée
1 sachet (100 g) de pépites de chocolat
1 jaune d'œuf
1 cuil. à café de sucre glace
1 fève de votre choix
1 couronne

La frangipane
40 cl de lait
100 g de sucre
3 œufs entiers
2 cuil. à soupe rases de Maïzena
quelques gouttes d'extrait de vanille
100 g de poudre d'amandes

Confectionnez d'abord la frangipane : mélangez le lait et le sucre et portez-les à frémissement. Retirez du feu.

Battez 2 œufs avec la Maïzena et l'extrait de vanille pendant 1 min. Ajoutez petit à petit, sans cesser de battre, le lait sucré chaud. Reversez le tout dans la casserole et faites cuire doucement, en tournant avec une spatule, jusqu'à ce que la crème épaississe. Retirez du feu et laissez tiédir en remuant la crème de temps en temps.

Battez le troisième œuf et ajoutez-le avec la poudre d'amandes à la crème. Mélangez et gardez la frangipane au réfrigérateur jusqu'à ce qu'elle soit complètement refroidie (environ 1 h).

Préchauffez le four à 230 °C (th. 7-8).

Déroulez les deux pâtes feuilletées ou, si vous utilisez un bloc entier, divisez-le en deux parties égales et étalez-en une à l'aide d'un rouleau à pâtisserie. La pâte doit avoir environ 3-4 mm d'épaisseur. Posez-la sur une plaque à pâtisserie recouverte de papier sulfurisé.

Ajoutez les pépites de chocolat à la frangipane refroidie. Étalez la frangipane en forme de disque sur la pâte étalée, à une épaisseur régulière de 2 cm environ et sans atteindre le bord. Mettez-y la fève.

Battez le jaune d'œuf avec le sucre glace et 2 cuil. à soupe d'eau. Appliquez au pinceau cette dorure sur le bord de la pâte (sans la laisser déborder) ; elle servira de « colle ».

Étalez le reste de pâte ou déroulez le second rouleau. Appliquez la pâte sur la frangipane, et appuyez tout autour de la crème pour bien sceller les bords, à défaut de quoi la frangipane risque de s'échapper à la cuisson.

À l'aide d'un couteau très tranchant, découpez bien verticalement le tour de votre galette. Vous devez obtenir un disque au bord aplati. « Chiquetez »-le en l'entaillant sur tout le pourtour avec la lame d'un couteau.

Dorez au pinceau la surface de la galette. Attention ! Ne laissez surtout pas la dorure couler sur les bords, cela empêcherait la pâte de lever. Vous pouvez dessiner des motifs sur la galette, mais attention à ne pas percer la pâte.

Mettez la galette au four et faites cuire 5 min, puis baissez la température du four à 200 °C (th. 6-7) et faites cuire 25 min. Surveillez bien la cuisson : la galette est cuite quand le dessus est bien doré et que le dessous est ferme (pour vérifier, soulevez délicatement la galette avec une spatule).

« Ne laissez surtout pas perdre la tradition des gâteaux d'anniversaire pour tous les âges ! Les enfants seront enchantés, surtout s'ils mettent la main à la pâte. »

Préparation : environ 1 h en tout - Cuisson : 10 min pour la génoise
Pour 4 personnes

Gâteau d'anniversaire poire-caramel

La génoise
4 œufs
125 g de sucre
125 g de farine
friandises au choix (macarons, meringues, etc.) pour le décor
bougies pour le service

Les poires caramélisées
2 poires
20 g de beurre
1 cuil. à soupe de cassonade

La mousse au caramel
120 g de sucre
30 cl de crème liquide
2 jaunes d'œufs
3 feuilles de gélatine

Préchauffez le four à 180 °C (th. 6). Gardez un saladier au réfrigérateur afin de fouetter la crème.

Préparez la génoise : fouettez les œufs avec le sucre dans un cul-de-poule au-dessus d'une casserole d'eau juste frémissante jusqu'à ce que le mélange double de volume. Hors du feu, ajoutez la farine et mélangez bien. Étalez cette pâte sur une plaque recouverte de papier sulfurisé et faites cuire 10 min au four. Laissez refroidir.

Épluchez les poires et coupez-les en petits cubes. Dans une poêle, faites fondre une noix de beurre et faites-y dorer les poires avec la cassonade. Quand elles sont bien colorées (environ 10 min), mettez-les de côté.

Préparez la mousse au caramel en faisant cuire 100 g de sucre dans une casserole jusqu'à ce qu'il devienne brun. Déglacez-le avec la moitié de la crème liquide. Battez les jaunes d'œufs avec le reste de sucre jusqu'à ce que le mélange blanchisse ; mettez-le de côté.

Faites tremper les feuilles de gélatine 10 min dans l'eau froide. Pendant ce temps, dans le saladier sorti du réfrigérateur, battez le reste de crème liquide en crème fouettée.

Versez progressivement le mélange jaunes d'œufs-sucre dans le caramel tiède, puis faites fondre la gélatine dans la crème obtenue. Incorporez enfin la crème fouettée. Gardez au frais.

Servez-vous d'un grand cercle pour découper un disque de génoise à la dimension souhaitée. Laissez le cercle en place et recouvrez la génoise de poires caramélisées, puis de mousse au caramel. Lissez la surface avec une spatule, décorez de friandises de votre choix (macarons, meringues, etc.) puis placez ce gâteau au congélateur.

Avant de servir, laissez le gâteau reposer quelques minutes hors du congélateur puis retirez le cercle. Le gâteau doit être frais mais non glacé. Plantez-y des bougies et servez.

Il y a des jours où tout ce dont on a envie, c'est d'une tartine beurrée. Mais il faut que le pain soit une baguette croustillante et le beurre du meilleur cru. C'est à cela, dit-on, qu'on reconnaît les vrais gourmets ; quoi qu'il en soit, une des règles fondamentales de la cuisine, celle à laquelle on revient toujours, c'est de savoir aller à l'essentiel. Le marché de votre quartier, l'épicerie du coin sont là pour que vous les mettiez à contribution. Et votre placard aussi ! Légumes d'hiver et d'été, champignons de Paris, fromages, pain, pâtes et boîtes de sardines : les ingrédients les plus courants sont la base d'une cuisine simple et tout en finesse. Du pain grillé, un œuf et un peu de parmesan composent une soupe digne d'un roi ; mais le truc, c'est le bouillon : il doit être irréprochable. C'est cela, le secret de la simplicité : la perfection dans les détails.

simplicité

Préparation : 30 min – Réfrigération de la crème : 2 h – Cuisson : 20 min environ (la crème) + 15 min environ (le potiron) - Pour 6 personnes

Soupe de potiron au lard

1,5 kg de potiron
75 cl de lait
1 cube de bouillon de volaille
20 g de beurre
paprika
sel fin, poivre du moulin

La crème au lard
40 cl de crème liquide
1 petite branche de thym frais
200 g de poitrine fumée en fines tranches

Quelques heures avant de préparer votre soupe, versez la crème liquide dans une casserole. Ajoutez la branche de thym et la poitrine fumée. Portez à ébullition et faites cuire sur feu doux, sans couvrir, jusqu'à ce que la crème ait réduit de moitié. Jetez le lard et le thym, passez la crème dans un bol à travers une petite passoire fine. Gardez-la au moins 2 h au réfrigérateur.

Épluchez le potiron et coupez-le en gros morceaux. Mettez-les dans une casserole, ajoutez le lait, le cube de bouillon, portez à ébullition, couvrez et faites cuire doucement 15 min, ou jusqu'à ce que le potiron soit bien tendre. Passez le potiron au mixeur en gardant le lait de côté, ajoutez le lait petit à petit, puis le beurre. Goûtez ; salez si nécessaire, poivrez.

Versez la soupe dans des bols ou des assiettes creuses en ajoutant 1 cuil. de crème au lard juste avant de servir. Saupoudrez de paprika.

Préparation : 20 min - Cuisson : 5 min - Pour 4 personnes

Soupe au pain et aux œufs pochés
(zuppa pavese)

- 40 g de beurre
- 4 tranches de pain au levain
- 1 l de bouillon de bœuf ou de volaille fait maison
- 4 œufs très frais
- 50 g de parmesan reggiano fraîchement râpé
- noix de muscade râpée
- sel, poivre du moulin

Préchauffez le four à 180 °C (th. 6) pendant 15 min.

Pendant ce temps, faites fondre le beurre dans une grande poêle et faites-y dorer les tranches de pain sur les deux faces. Déposez-les dans quatre grands bols ou dans quatre assiettes creuses, éteignez le four et mettez-y les bols ou les assiettes.

Portez le bouillon à ébullition, salez et poivrez. Laissez le bouillon frémir.

Sortez rapidement les bols ou les assiettes du four et cassez 1 œuf sur chaque tranche de pain. Versez le bouillon frémissant par-dessus, remettez les bols dans le four éteint et laissez reposer 5 min.

Servez saupoudré de parmesan et de noix de muscade râpée.

Préparation : 20 min - Cuisson : 30 min - Pour 6 personnes

Crème de champignons
aux noisettes et au romarin

10 g de noisettes entières mondées
500 g de champignons de Paris
2 gousses d'ail
2 échalotes
1 petite pomme de terre
1 petite branche de romarin frais
2 cuil. à soupe d'huile d'olive
le jus de 1 citron
1 cube de bouillon de volaille
120 g (6 carrés) de fromage frais triple crème (Kiri)
sel, poivre du moulin

Préchauffez le four à 180 °C (th. 6). Étalez les noisettes sur une plaque et faites-les griller 10 min au four. Laissez-les refroidir, puis passez-les au mixeur pour les réduire en poudre fine.

Pendant ce temps, retirez le pied des champignons et lavez-les. Épongez-les dans du papier absorbant et coupez-les en lamelles. Épluchez et hachez les gousses d'ail et les échalotes. Épluchez et lavez la pomme de terre, coupez-la en cubes.

Effeuillez le romarin et ciselez très finement les feuilles.

Faites chauffer l'huile d'olive dans une casserole et faites-y revenir l'échalote et l'ail pendant 1 min. Ajoutez les champignons et le jus de citron, et faites cuire 5 min. Ajoutez 70 cl d'eau chaude, les pommes de terre et le cube de bouillon. Portez à ébullition, couvrez et laissez cuire 25 min sur feu doux.

Mixez la soupe en ajoutant le Kiri : vous devez obtenir une texture très crémeuse. Salez, poivrez, ajoutez le romarin finement ciselé et versez la soupe dans des bols. Saupoudrez de poudre de noisette.

Préparation : 10 min - Repos : 20 min - Cuisson : 15 min environ
Pour 4 personnes

Brie pané,
sauce groseille et sauce au miel

200 g de brie fait à cœur
1 assiette de farine
1 œuf
1 assiette de chapelure
huile pour friture

Sauce groseille
6 cuil. à soupe de gelée de groseille
2 cuil. à soupe de vinaigre balsamique

Sauce miel-moutarde
4 cuil. à soupe de miel liquide
1 cuil. à soupe de moutarde de Dijon
2 cuil. à soupe de vinaigre de vin blanc

Découpez le brie en gros cubes. Passez-les dans la farine.

Battez l'œuf, trempez-y rapidement les cubes de brie puis enrobez-les soigneusement de chapelure. Déposez-les sur une assiette et faites-les raffermir 20 min au réfrigérateur.

Faites chauffer de l'huile dans une friteuse, et faites-y dorer les cubes de brie panés. Vous pouvez aussi les frire dans une poêle en fonte avec 1 cm d'huile, en les retournant quand ils sont dorés.

Égouttez-les sur du papier absorbant.

Battez la gelée de groseille avec le vinaigre balsamique.

Mélangez de même le miel, la moutarde et le vinaigre de vin blanc.

Servez le brie pané avec ces deux sauces.

Préparation : 15 min - Cuisson : 10 min - Pour 4 personnes

Mon croque-monsieur

15 cl de crème fraîche épaisse
10 cl de crème liquide
8 tranches de pain de mie
150 g de comté ou d'emmental râpé
50 g de parmesan râpé
8 tranches fines de cantal jeune (de la taille des tranches de pain)
4 tranches de jambon blanc
muscade râpée
poivre blanc du moulin

Mélangez la crème fraîche épaisse et la crème liquide. Gardez-en 2 cuil. pour le pain et mélangez le reste avec le comté et le parmesan râpés. Laissez reposer 10 min pendant que vous préchauffez votre four à 240 °C (th. 8).

Étalez la crème réservée en fine couche sur une face de 4 tranches de pain posées dans un grand plat à gratin ou sur une plaque à pâtisserie. Déposez, sur ces tranches, 1 tranche de cantal, puis 1 demi-tranche de jambon (repliez-la de façon qu'elle ne dépasse pas du sandwich). Recouvrez d'une seconde tranche de cantal, puis d'une autre tranche de pain. Recouvrez du mélange fromage râpé-crème, poivrez, râpez un peu de muscade sur le tout, puis faites cuire 7 min au four.

Réglez votre four sur la position gril, surélevez la plaque portant les croque-monsieur, et faites gratiner pendant 3 min. Surveillez-les bien pour ne pas les faire griller.

Toasts sardine et citron confit,
salade à l'orange

Débarrassez les sardines des arêtes et des écailles restantes. Salez-les assez généreusement sur leurs deux faces et laissez reposer 1 h. Au bout de ce temps, essuyez-les avec du papier absorbant.

Retirez l'intérieur du citron confit et hachez finement l'écorce.

Préparez la salade : pelez l'orange à vif (en tranchant dans la chair et en tournant tout autour du fruit), retirez les segments avec un couteau tranchant. Dans un saladier, versez la vinaigrette, puis disposez les feuilles de salade, les segments d'orange et les olives, et parsemez de persil plat haché et de thym effeuillé. Remuez la salade au dernier moment.

Coupez chaque tranche de pain en deux. Faites griller le pain, puis étalez-y une bonne couche de fromage frais, puis une mince couche de caviar de tomate. Posez 2 ou 3 filets de sardine (selon leur taille) sur chaque tartine, puis parsemez de citron confit haché, de persil et de poivre du moulin. Arrosez d'un filet d'huile d'olive et servez avec la salade.

12 sardines fraîches ouvertes
en papillon
1 citron confit au sel
4 tranches de pain de campagne
120 g de fromage blanc épais
de type « Carré frais »
1 petit pot de caviar de tomate séchée
persil plat haché
huile d'olive
sel, poivre du moulin

La salade
1 salade, effeuillée, lavée,
grossièrement hachée
(de préférence 1 trévise)
1 orange
1 douzaine d'olives noires dénoyautées
persil plat et thym frais (ou sarriette)
vinaigrette simple pour la salade

Préparation : 15 min - Cuisson : 2-3 min
Pour 4 personnes (2 tartines par personne)

Tartines à la bresaola

30 g de cerneaux de noix
40 g de beurre mou
12 tranches de bresaola (viande séchée des Alpes italiennes) ou de viande des Grisons
4 grandes tranches (ou 8 petites) de pain de campagne au levain
8 tranches fines de fromage des Alpes qui fond bien (fontine, abondance, tomme de montagne, ou même beaufort ou comté)
quelques feuilles de roquette
poivre du moulin

Préchauffez le four à 200 °C (th. 6-7).

Hachez les cerneaux de noix au mixeur de façon à obtenir une grosse chapelure. Mélangez-les avec le beurre mou.

Taillez les tranches de bresaola en grosse chiffonnade.

Retirez la croûte des tranches de pain, toastez-les légèrement. Étalez-y le mélange beurre-noix. Posez le fromage sur le tout et faites griller au four le temps de faire fondre un peu le fromage (2-3 min environ).

Sortez les tartines du four, déposez la chiffonnade de bresaola sur les tartines et décorez de quelques feuilles de roquette. Poivrez et servez sans attendre.

Préparation : 20 min - Pour 4 personnes

Toasts au rocamadour,
aux figues et aux noix, salade de trévise aux pommes

75 g de cerneaux de noix
8 petits rocamadours plutôt bien faits
8 figues noires
8 tranches de pain de mie aux céréales
1 pot de confiture de figues
poivre du moulin

La salade

1 salade, effeuillée, lavée, grossièrement hachée (de préférence 1 trévise)
1/2 pomme Granny Smith coupée en petits morceaux
persil plat et thym frais (ou sarriette)
vinaigrette simple pour la salade

Hachez les noix au mixeur sans les pulvériser.

Écrasez les rocamadours à la fourchette, ajoutez les noix hachées, poivrez.

Lavez et séchez les figues, coupez-les en tranches.

Toastez les tranches de pain, coupez la croûte, tartinez-les d'une mince couche de confiture, étalez-y le rocamadour.

Posez les figues sur le fromage. Coupez chaque toast en deux en diagonale. Servez 2 toasts par personne avec la salade assaisonnée.

Préparation : 15 min - Cuisson : 4-5 h (les tomates confites) + 30 min (les aubergines et l'ail) - Pour 4 personnes

Salade de tomates confites et aubergines rôties,
vinaigrette à la menthe

12 quartiers de tomate confite (voir p. 150, recette du filet mignon de veau, ou achetez-les dans une épicerie fine)
1 branche de thym de Provence
2 belles aubergines fermes
4 grosses gousses d'ail en chemise
2 branches de menthe fraîche
2 cuil. à soupe de vinaigre balsamique
huile d'olive
sel, poivre du moulin

Il est conseillé de préparer les tomates confites à l'avance, par exemple la veille. Elles peuvent être conservées au réfrigérateur dans une boîte à fermeture hermétique. Sortez-les du réfrigérateur une demi-heure à l'avance.

Préchauffez le four à 180 °C (th. 6). Effeuillez le thym et mélangez-le à quelques cuillerées à soupe d'huile d'olive versées dans un bol.

Coupez les aubergines en biais en longues tranches de 1 cm d'épaisseur. À l'aide d'un pinceau, badigeonnez-les d'huile d'olive sur leurs deux faces. Posez-les sur une grille, posez les gousses d'ail entières à côté, et faites cuire le tout 30 min au four. Les aubergines doivent être dorées, presque caramélisées. Si elles vous paraissent trop pâles, prolongez la cuisson. Laissez tiédir.

Effeuillez une branche de menthe et hachez finement les feuilles. Mélangez-les avec 4 cuil. à soupe d'huile d'olive, le vinaigre balsamique, sel et poivre. Gardez la seconde branche pour le décor.

Sur quatre assiettes, répartissez joliment les tranches d'aubergine et les tomates confites. Déposez 1 gousse d'ail rôtie par assiette. Arrosez de vinaigrette à la menthe et décorez d'une feuille de menthe.

Préparation : 20 min - Pour 4 personnes

Salade iceberg, courgette jaune, chapons ail et citron

1 laitue iceberg
1 petite endive rouge (ou un petit cœur de trévise)
4 longues tranches de baguette
2 citrons non traités
1 gousse d'ail
2 courgettes jaunes
15 cl de crème fleurette
2 cuil. à soupe d'huile d'olive
sel, poivre blanc du moulin

Nettoyez et essorez la laitue iceberg et l'endive rouge. Coupez la laitue iceberg en gros morceaux et effeuillez-la. Effeuillez l'endive rouge en laissant les feuilles entières.

Préparez les chapons, qui sont des croûtons aromatisés que l'on ajoute à la salade : faites chauffer l'huile d'olive dans une poêle sur feu doux et faites-y dorer les tranches de baguette sur les deux faces. Laissez-les tiédir et frottez-les doucement avec l'un des deux citrons pour les imprégner du zeste. Frottez-les ensuite avec la gousse d'ail. Mettez-les de côté. Pressez le jus d'un des citrons et mettez-le de côté.

Coupez les courgettes jaunes en biais en longues tranches de 4-5 mm d'épaisseur.

Disposez joliment, dans des bols, les feuilles d'iceberg et d'endive en posant celles-ci debout. Plantez de la même façon les tranches de courgette jaune et les croûtons de baguette. La salade doit rappeler un peu l'aspect d'une fleur.

Râpez un peu de zeste de citron pour en obtenir 1 cuil. à café. Battez le jus d'un des citrons avec la crème, le zeste, sel et poivre. Versez cette sauce sur la salade et servez.

Préparation : 20 min – Marinade : 30 min – Cuisson : 10 min - Pour 4 personnes

Salade Caesar au poulet grillé

Coupez chaque blanc de poulet en deux et faites-les mariner 30 min dans le jus de citron et la moutarde additionnés d'un peu de sel.

Écrasez finement l'une des trois gousses d'ail et mélangez-la avec 6 cuil. à soupe d'huile d'olive.

Taillez la ficelle en croûtons, faites-les frire sur leurs deux faces dans le reste d'huile d'olive, et frottez-les avec une autre gousse d'ail.

Frottez l'intérieur du saladier avec la dernière gousse d'ail coupée en deux.

Faites cuire les œufs juste mollets (3-4 min dans l'eau bouillante). Refroidissez-les sous l'eau courante.

Retirez les feuilles extérieures et le pied des sucrines ; rincez-les et essorez-les rapidement. Effeuillez les sucrines et coupez chaque feuille en deux. Mettez-les dans le saladier.

Faites griller les blancs de poulet sur feu vif dans un peu d'huile d'olive. Ils doivent être dorés mais encore tendres. Découpez-les en grosses tranches.

Mélangez l'huile d'olive aillée, la moutarde, la sauce Worcestershire et le jus de citron. Battez bien et versez sur la salade. Mélangez. Ajoutez les anchois et le parmesan.

Cassez les œufs, retirez l'intérieur avec une cuillère et ajoutez-le à la salade. Salez et poivrez, ajoutez les croûtons et mélangez soigneusement. Garnissez de tranches de poulet grillé et servez immédiatement.

3 gousses d'ail épluchées
10 cuil. à soupe d'huile d'olive extra-vierge
1 ficelle rassise
4 œufs frais
4 sucrines
(salades romaines miniatures)
1 cuil. à café de moutarde de Dijon
quelques gouttes de sauce Worcestershire (facultatif)
le jus de 1 citron
8 filets d'anchois à l'huile, égouttés et hachés
100 g de parmesan reggiano fraîchement râpé
sel, poivre du moulin

Le poulet

2 blancs de poulet sans la peau
1 cuil. à soupe de jus de citron
1 cuil. à café de moutarde de Dijon
huile d'olive
sel

Préparation : 25 min - Cuisson : 10 min - Pour 4 personnes

Wok de légumes en salade chaude

1 petite botte d'oignons nouveaux
150 g de haricots verts extra-fins
150 g de pois gourmands
2 courgettes
250 g de potiron
2 blancs de poireau
2 cuil. à soupe d'huile d'arachide
coriandre fraîche ou ciboulette
sel

La vinaigrette
1 échalote
1 noisette de gingembre frais pelé
2 cuil. à soupe de jus de citron
2 cuil. à soupe de sauce de soja
2 cuil. à soupe d'huile d'arachide
sel, poivre du moulin

Épluchez les oignons nouveaux en leur laissant environ 5 cm de vert et lavez-les. Épluchez les haricots verts, les pois gourmands et les courgettes, et lavez-les. Coupez les haricots en tronçons de 3 cm et les courgettes en tranches de 1 cm. Pelez le potiron, lavez-le et coupez-le en cubes de 2 cm environ. Nettoyez et lavez soigneusement les poireaux, ne gardez que le blanc, et coupez-les en tranches de 2 cm environ.

Préparez la vinaigrette avant de faire cuire les légumes : hachez finement l'échalote et râpez le gingembre. Mélangez-les avec le jus de citron, la sauce de soja et l'huile d'arachide. Salez modérément (la sauce de soja est déjà salée) et poivrez.

Faites chauffer un wok sur feu vif. Quand il est chaud, versez-y l'huile d'arachide. Faites d'abord sauter les oignons blancs, les haricots verts et les cubes de potiron 2 min en remuant bien. Ajoutez le reste des légumes et faites sauter environ 3 min sur feu vif en remuant. Salez légèrement. Couvrez le wok, baissez le feu et faites cuire encore 5 min. N'ajoutez pas d'eau ; les légumes doivent cuire à l'étouffée et rester légèrement croquants.

Versez-les dans un saladier, ajoutez immédiatement la vinaigrette et mélangez bien. Servez chaud ou tiède. Vous pouvez ajouter de la coriandre ou de la ciboulette.

Préparation : 20 min - Repos : 30 min - Cuisson : 1 h en tout - Pour 4 personnes

Spaghettis alla Norma

1 grosse aubergine bien ferme
1 oignon
2 gousses d'ail
1 kg de tomates olivettes (Roma) bien mûres
500 g de spaghettis
1 bouquet de basilic frais
huile d'olive extra-vierge
parmesan reggiano fraîchement râpé
sel, poivre du moulin

Coupez l'aubergine en tranches fines dans le sens de la longueur. Salez-les sur les deux faces et laissez-les égoutter dans une passoire pendant 30 min. Pendant ce temps, occupez-vous de la sauce.

Hachez finement l'oignon et l'ail. Ébouillantez rapidement les tomates, pelez-les et hachez-les au couteau. Faites chauffer un peu d'huile d'olive dans une cocotte et faites-y légèrement dorer l'oignon et l'ail. Ajoutez les tomates, salez et poivrez, couvrez et laissez cuire 30 min sur feu doux en remuant de temps en temps. Vous devez obtenir un coulis bien réduit. Rectifiez l'assaisonnement.

Préchauffez le four à 210 °C (th. 7).

Rincez rapidement les tranches d'aubergine, épongez-les dans du papier absorbant, étalez-les sur une plaque. Badigeonnez-les généreusement d'huile d'olive sur les deux faces, salez et poivrez, puis faites-les dorer 20 min au four. Retournez-les à mi-cuisson.

Faites cuire les spaghettis à l'eau bouillante salée, *al dente*, selon les instructions figurant sur l'emballage. Égouttez-les.

Dans un grand saladier, versez la sauce tomate. Ajoutez les aubergines et les spaghettis. Mélangez bien, puis ajoutez les feuilles de basilic.

Servez accompagné d'une jatte de parmesan râpé.

Préparation : 35 min - Cuisson : 25 min - Pour 4 personnes

Pennes aux fèves, artichauts et asperges

8 petits artichauts à l'huile d'olive
1 kg de fèves fraîches
250 g d'asperges vertes
1 oignon
125 g de lardons (ou de pancetta en tranches)
350 g de pennes
1 petit bouquet de basilic
4 cuil. à soupe d'huile d'olive extra-vierge
pecorino fraîchement râpé (ou parmesan reggiano)
sel, poivre du moulin

Coupez les artichauts en deux.

Écossez les fèves, ébouillantez-les quelques secondes, égouttez-les et pelez chaque graine. Gardez-les dans un bol.

Retirez les parties fibreuses des asperges et coupez-les en tronçons de 3 cm environ.

Hachez l'oignon (et la pancetta si vous en utilisez). Faites chauffer la moitié de l'huile d'olive dans une cocotte et faites-y revenir l'oignon et les lardons (ou la pancetta émincée) pendant 5 min sur feu doux (si vous utilisez de la pancetta, faites griller 1 tranche laissée entière que vous garderez pour le décor). Ajoutez les artichauts, couvrez et faites cuire 5 min. Ajoutez les asperges, couvrez et faites cuire encore 5 min. Ajoutez enfin les fèves, couvrez et faites cuire 3 min. Retirez du feu, ajoutez sel et poivre selon votre goût. Gardez au chaud.

Faites cuire les pennes *al dente* à l'eau bouillante salée selon les instructions figurant sur l'emballage. Égouttez-les, versez-les dans la cocotte avec les légumes et les lardons (ou la pancetta). Mélangez bien avec une spatule en ajoutant le reste d'huile d'olive, et servez soit dans la cocotte, soit sur un plat chauffé, décoré de feuilles de basilic et d'une tranche de pancetta grillée, avec du pecorino râpé à part.

« La simplicité en cuisine, c'est avant tout le produit : le choisir avec soin et le respecter jusqu'au bout, sans jamais le trahir. En respectant le produit, le chef se respecte lui-même. »

Préparation : 30 min - Cuisson : 40 min environ - Pour 6 personnes

Gnocchis au vieux comté

Faites cuire les pommes de terre avec leur peau à l'eau bouillante salée pendant 20 à 30 min selon leur taille. Épluchez-les encore bien chaudes et passez-les au moulin à légumes, grosse grille. Ajoutez la farine, l'œuf, le beurre et le sel. Mélangez avec une spatule, puis avec vos mains. Pétrissez cette pâte jusqu'à ce qu'elle soit lisse et homogène.

Divisez-la en morceaux de la taille d'un poing. Roulez ceux-ci en forme de boudins de 2 cm d'épaisseur, découpez-les en tronçons de 3 cm de longueur, puis roulez-les sous les dents d'une fourchette pour leur donner un aspect cannelé. Pressez légèrement chaque gnocchi avec le pouce et gardez-les sur un plateau garni de farine.

Préparez la sauce : dans une casserole, réunissez le mascarpone et le comté râpé. Faites fondre sur feu doux en remuant avec une spatule. Ajoutez poivre et muscade. Gardez au chaud.

Faites griller les pignons de pin dans une poêle sèche jusqu'à ce qu'ils blondissent légèrement.

Faites bouillir une grande casserole d'eau salée, secouez les gnocchis pour éliminer l'excédent de farine, et jetez-les quelques-uns à la fois dans l'eau bouillante. Retirez-les avec une écumoire quand ils remontent à la surface et faites cuire ainsi tous les gnocchis.

Nappez-les de sauce, saupoudrez du reste de comté râpé et servez immédiatement.

Les gnocchis

1 kg de pommes de terre bintje
220 g de farine
1 œuf
40 g de beurre
sel

La sauce

150 g de mascarpone
150 g de comté vieux, râpé
+ un peu pour servir
muscade râpée
100 g de pignons de pin
poivre du moulin

Préparation : 30 min - Cuisson : 25 min - Pour 4 personnes

Linguines aux moules

1 kg de moules de bouchot
1 cuil. à café de graines de fenouil
2 gousses d'ail
1 boîte (450 g) de chair de tomate concassée
1 bouquet garni : thym, laurier + 1 piment rouge séché
15 cl de vin blanc sec
500 g de linguines
5 cuil. à soupe d'huile d'olive extra-vierge
sel, poivre du moulin

Nettoyez et grattez les moules, lavez-les soigneusement.

Écrasez légèrement les graines de fenouil à l'aide d'un rouleau à pâtisserie. Hachez l'ail.

Faites chauffer l'huile d'olive dans une grande casserole et faites-y revenir l'ail et les graines de fenouil pendant 1 min. Ajoutez la chair de tomate, le bouquet garni, sel et poivre. Laissez mijoter 5 min sur feu doux, puis ajoutez le vin, faites bouillir sur feu vif et faites réduire pendant 10 min.

Ajoutez les moules, couvrez la casserole. Faites ouvrir les moules sur feu vif en secouant la casserole de temps en temps. Au bout de 3-4 min, les moules doivent être ouvertes. Décoquillez-les presque toutes, gardez quelques moules entières pour le décor du plat. Si certaines moules refusent de s'ouvrir, jetez-les. Gardez la sauce au chaud.

Faites cuire les linguines *al dente* à l'eau bouillante salée selon les instructions figurant sur l'emballage. Égouttez les pâtes, déposez-les dans un grand saladier chauffé. Versez sur les pâtes les moules et leur sauce. Mélangez soigneusement. Ne servez pas de parmesan avec ces linguines, mais vous pouvez ajouter un filet d'huile d'olive extra-vierge sur chaque assiette.

Préparation : 35 min - Cuisson : 25 min environ - Pour 4 personnes

Blanquette de saumon,
moutarde à l'ancienne, riz façon cantonaise

1 botte de petits oignons blancs
300 g de petits champignons de Paris
50 g de beurre
le jus de 1/2 citron
1 pavé de saumon de 800 g, sans peau ni arêtes
2 cuil. à soupe rases de fumet de poisson en poudre
20 cl de vin blanc de Loire
1 cuil. à soupe de farine
2 bonnes cuillerées à soupe de moutarde à l'ancienne (grains entiers)
1 petit pot de crème fraîche
un peu d'huile
pluches de cerfeuil
sel, poivre blanc du moulin

Le riz façon cantonaise

30 g de beurre
les tiges des oignons blancs finement tranchées
150 g de petites crevettes cuites décortiquées
150 g de petits pois cuits
1/2 tranche de jambon, taillé en fins bâtonnets
250 g de riz parfumé thaï, cuit la veille *al dente* et gardé au réfrigérateur dans un récipient hermétique
sel

Épluchez la botte d'oignons : gardez à part les bulbes épluchés et les tiges avec quelques centimètres de vert. Lavez bien les tiges, séchez-les, tranchez-les en fines rondelles.

Dans un wok ou une poêle, faites sauter au beurre les rondelles de vert d'oignon pendant 1 min. Ajoutez les crevettes, les petits pois et le jambon émincé et faites sauter 30 s. Ajoutez le riz et faites sauter 1 min sur feu vif en mélangeant bien. Gardez au chaud.

Épluchez, rincez les champignons, épongez-les dans du papier absorbant. Dans une petite sauteuse, faites-les cuire avec 15 g de beurre, le jus de citron et un peu de sel jusqu'à ce qu'ils commencent à dorer et que le liquide soit entièrement évaporé (10 min environ). Faites cuire les oignons de la même manière, mais sans citron. Gardez le tout au chaud.

Découpez le saumon en quatre portions de 200 g, puis chacune en quatre cubes. Préchauffez le four à 270° C (th. 9).

Diluez le fumet de poisson dans 40 cl d'eau chaude. Ajoutez le vin blanc.

Faites fondre le reste de beurre dans une casserole. Ajoutez la farine, faites cuire en remuant bien pendant 1 min, puis ajoutez le liquide en fouettant vigoureusement pour éviter les grumeaux. Laissez épaissir la sauce et faites cuire 10 min sur feu très doux. Ajoutez enfin la moutarde et la crème, goûtez et salez si nécessaire ; gardez au chaud.

Huilez les morceaux de saumon, salez et poivrez-les, posez-les sur une plaque. Faites-les cuire au four 5 min, pas plus. Sortez-les du four et répartissez-les dans quatre assiettes creuses. Ajoutez les champignons et les petits oignons. Nappez de la sauce et décorez d'une pluche de cerfeuil.

Servez avec le riz façon cantonaise.

Préparation : 25 min - Cuisson : 10 min par galette - Pour 4 personnes

Galettes de coquillettes à la mozzarella,
sauce tomate

Il vous faut quatre poêles antiadhésives de 15 à 18 cm de diamètre environ. Vous pouvez aussi faire deux galettes dans deux poêles plus grandes, voire une grande galette que vous couperez en quatre, mais c'est plus difficile à manier.

Préchauffez le four à 180 °C (th. 6). Étalez le jambon cru sur une plaque en le lissant bien, et faites-le cuire 10 min jusqu'à ce qu'il soit croustillant. Laissez-le refroidir.

Pendant ce temps, faites cuire les coquillettes à l'eau bouillante salée. Égouttez-les, passez-les sous l'eau froide courante et gardez-les dans la passoire.

Hachez le jambon blanc en fins bâtonnets.

Battez les œufs, ajoutez le parmesan, le thym émietté, les coquillettes et le jambon en bâtonnets. Salez, poivrez, mélangez bien.

Faites chauffer de l'huile d'olive (ou du beurre) dans les poêles. Répartissez-y le mélange afin d'obtenir dans chaque poêle une galette pas trop épaisse. Faites-la dorer 4-5 min sur feu moyen. Retournez-la et faites dorer l'autre côté. Vous devez avoir une galette dorée et croustillante.

Coupez la mozzarella en cubes de 1 cm et faites chauffer la sauce napolitaine dans une petite casserole. Posez quelques cubes de mozzarella sur les galettes et laissez-les fondre légèrement pendant que les galettes finissent de dorer.

Faites glisser les galettes sur des assiettes, nappez-les partiellement de sauce napolitaine, ajoutez le basilic et les chips de jambon cru croustillant.

4 tranches fines de jambon serrano
300 g de coquillettes
4 tranches de jambon blanc
2 œufs
5 cuil. à soupe de parmesan râpé
2 branches de thym frais (rincez-le pour éliminer le sable)
2 boules de mozzarella
1 petit bocal (20 cl) de sauce tomate (sauce napolitaine par exemple)
4 branches de basilic
huile d'olive
sel, poivre du moulin

Préparation : 35 min - Cuisson : 35 min environ - Pour 4 personnes

Risotto rouge aux fruits de mer

500 g de petits calmars (demandez à votre poissonnier de vous les préparer)
1 kg de coques
20 cl de vin blanc sec
1 bouquet garni (persil, thym, laurier)
1 cuil. à café de graines de fenouil
2 échalotes
1 l de fumet de poisson
1 oignon
1 gousse d'ail
250 g de riz rouge de Camargue
20 cl de coulis de tomate
persil plat haché
4 cuil. à soupe d'huile d'olive
sel, poivre du moulin

Rincez soigneusement les coques sous l'eau froide courante, mettez-les dans une casserole couverte avec le vin blanc sec, le bouquet garni, les graines de fenouil et les échalotes émincées. Couvrez, faites chauffer sur feu vif en remuant la casserole de temps en temps jusqu'à ce que les coques soient ouvertes.

Décoquillez les coques et gardez les chairs dans un bol. Filtrez soigneusement le jus de cuisson dans une passoire fine garnie de papier absorbant.

Faites chauffer le fumet de poisson et retirez-le du feu à frémissement.

Hachez l'oignon et l'ail. Dans une casserole, faites-les suer 3 min dans la moitié de l'huile d'olive, ajoutez le riz rouge et faites revenir 2 min. Ajoutez le jus de cuisson des coques et faites réduire presque à sec. Ajoutez le coulis de tomate, puis le tiers du fumet. Laissez cuire en remuant de temps en temps jusqu'à évaporation. Ajoutez un autre tiers du fumet, laissez réduire et ajoutez le reste - ou moins si vous jugez que votre risotto a la bonne consistance. Il doit être crémeux et encore un peu liquide. Goûtez et rectifiez l'assaisonnement. Laissez le risotto sur feu doux.

Faites rapidement sauter les calmars sur feu vif pendant 1 min, pas plus, avec sel et poivre dans le reste d'huile d'olive. Ajoutez-les au risotto, parsemez de persil plat haché. Servez.

Préparation : 35 min - Cuisson : 1 min - Pour 4 personnes

Thon à la plancha,
beurre à l'orange et au piment d'Espelette

500 g d'épinards frais
1 orange non traitée
60 g de beurre bien froid, en petits dés + 20 g pour les épinards
1 cuil. à soupe de crème liquide
2 pincées de piment d'Espelette
4 escalopes de thon de 3 cm d'épaisseur
huile d'olive
sel, poivre du moulin

Lavez et équeutez les épinards. Égouttez-les dans une passoire.

Lavez et essuyez l'orange. À l'aide d'un couteau zesteur, prélevez le zeste en fines lanières. Recueillez-les dans une petite casserole.

Pressez l'orange, versez le jus dans la casserole. Portez à ébullition et laissez réduire jusqu'à ce que le liquide soit presque entièrement évaporé. Salez, poivrez.

Hors du feu, ajoutez le beurre en petits morceaux et la crème. Fouettez sur feu doux jusqu'à ce que le beurre soit fondu et que la sauce soit onctueuse. Ajoutez le piment d'Espelette. Gardez cette sauce au chaud.

Dans une grande poêle, faites sauter les épinards sur feu vif avec un peu d'huile d'olive jusqu'à ce qu'ils soient flétris. Salez, poivrez, gardez-les au chaud.

Salez et poivrez les escalopes de thon, enduisez-les d'huile d'olive. Faites chauffer une poêle antiadhésive sur feu très vif avec un peu d'huile d'olive et faites-y griller le thon 30 s de chaque côté.

Dressez les escalopes de thon sur quatre assiettes, nappez-les partiellement de beurre à l'orange et au piment d'Espelette, et déposez un peu d'épinards à côté.

Préparation : 20 min - Cuisson : 10 min - Pour 4 personnes

Le vrai hamburger new-yorkais

1 oignon moyen finement haché
50 g de beurre
2 cuil. à café de sauce Worcestershire
1 cuil. à café de moutarde
350 g de steak haché
1 œuf
4 pains ronds pour hamburgers
4 tranches de fromage de la taille des pains (gouda, cheddar, etc.)
4 ou 8 tranches de tomate (selon leur taille)
4 feuilles de laitue
2 cuil. à café de sel
poivre du moulin

Préchauffez le four à 150 °C (th. 5).

Faites dorer l'oignon dans la moitié du beurre sur feu moyen. Retirez du feu quand l'oignon est tendre et commence à prendre une belle couleur.

Ajoutez la sauce Worcestershire, la moutarde, sel et poivre. Versez ce mélange sur la viande hachée, ajoutez l'œuf. Mélangez soigneusement à la main.

Façonnez ce mélange en 4 boulettes rondes, aplatissez-les légèrement.

Faites dorer les hamburgers à la poêle dans le reste de beurre 5 min sur chaque face, jusqu'à ce qu'ils soient bien saisis mais encore tendres à cœur.

Pendant ce temps, coupez les petits pains en deux et faites-les chauffer au four. Dès qu'ils sont chauds, sortez-les du four et posez chaque hamburger sur un demi-pain. Couvrez immédiatement d'1 tranche de fromage et laissez reposer 1 min.

Ajoutez, dans l'ordre, 1 ou 2 tranches de tomate et la feuille de laitue. Posez la seconde moitié du petit pain, pressez légèrement et servez.

« Que la recette soit sobre ou complexe, l'important c'est le résultat. Dans l'assiette, rien ne doit être de trop, et tout doit être bon. »

Préparation : 30 min - Cuisson : 1 h - Pour 4 personnes

Pommes de terre farcies

Préchauffez le four à 180 °C (th. 6).

Épluchez les pommes de terre, découpez-y un « chapeau » à une extrémité, puis, avec un vide-pomme, creusez-les de façon à leur laisser une paroi de 1 à 1,5 cm d'épaisseur. Creusez aussi les chapeaux.

Portez le bouillon à ébullition avec le bouquet garni. Retirez du feu.

Hachez finement l'oignon, l'ail et le persil. Émiettez le pain et faites-le tremper 10 min dans le lait. Essorez-le et écrasez-le bien entre vos doigts.

Mélangez soigneusement la chair à saucisse, l'oignon, l'ail, le persil, le pain, l'œuf, sel et poivre. Remplissez les pommes de terre de cette farce en débordant un peu et posez les chapeaux. Disposez les pommes de terre dans un grand plat à gratin à bord haut. Ajoutez un peu de bouillon chaud et le bouquet garni. Faites cuire 1 h au four en arrosant les pommes de terre avec le bouillon de temps à autre. Si le plat s'assèche trop, ajoutez un peu de bouillon. En fin de cuisson, le jus doit avoir réduit.

Servez bien chaud avec une salade verte.

8 belles pommes de terre charlotte
50 cl de bouillon de volaille
1 bouquet garni
1 oignon
2 gousses d'ail
1 bouquet de persil
1 tranche de pain de campagne, débarrassée de la croûte
15 cl de lait
500 g de chair à saucisse
1 œuf
sel, poivre du moulin

Préparation : 20 min - Cuisson : 25 min - Pour 4 personnes

Gratin d'ananas aux amandes

1 ananas bien mûr
60 g de beurre mou
40 g de Maïzena
2 œufs
40 cl de crème liquide
60 g de cassonade
1 gousse de vanille
4 cuil. à soupe d'amandes hachées

Préchauffez le four à 200 °C (th. 7).

Épluchez l'ananas, retirez le cœur et les œillets. Taillez la chair en fines tranches et coupez-les en morceaux de 4-5 cm environ.

Beurrez un petit moule à gratin avec une partie du beurre. Faites fondre le reste. Répartissez les tranches d'ananas dans le moule.

Mélangez la Maïzena, les œufs, la crème, les deux tiers de la cassonade et le reste de beurre fondu. Ajoutez les graines de la gousse de vanille fendue en deux et raclée avec un couteau.

Versez le tout dans le moule. Il n'est pas nécessaire que les fruits soient recouverts. Saupoudrez des amandes hachées, puis du reste de cassonade. Faites cuire 25 min au four et servez tiède.

Préparation : 30 min - Repos : 20 min + 30 min pour la salade d'oranges
Cuisson : 2-3 min par crêpe - Pour 6 personnes

Beghrir au miel,
salade d'oranges à la fleur d'oranger

Les *beghrir*
500 g de semoule de blé très fine
2 œufs
1/2 cuil. à café de sel
1 sachet de levure chimique
1 cube (24 g) de levure de boulanger
100 g de beurre
miel de thym

La salade d'oranges
6 oranges bien juteuses
3 cuil. à soupe de miel
2 cuil. à soupe d'eau de fleur d'oranger
cannelle en poudre
sucre glace

Pelez les oranges à vif à l'aide d'un couteau aiguisé, en tranchant dans la chair et en tournant tout autour du fruit. Prélevez les segments et recueillez le jus. Réunissez les segments d'orange, le jus d'orange, le miel et l'eau de fleur d'oranger. Laissez reposer 30 min au réfrigérateur.

Disposez la semoule en fontaine dans une terrine. Cassez-y les œufs, ajoutez le sel, la levure chimique et la levure de boulanger émiettée.

Commencez à travailler la pâte au fouet en ajoutant de l'eau tiède au fur et à mesure jusqu'à obtention d'une pâte un peu liquide.

Versez cette préparation dans le bol d'un robot et mixez jusqu'à obtention d'une crème jaune pâle lisse et homogène. Versez-la dans un saladier et laissez-la reposer 20 min dans un endroit tiède.

Faites cuire les crêpes à sec dans une poêle antiadhésive jusqu'à ce que la surface soit juste sèche. Gardez-les sous un linge pendant que vous préparez les crêpes suivantes.

Faites fondre le beurre, ajoutez du miel à votre goût. Trempez les crêpes dans ce mélange.

Égouttez partiellement les oranges (gardez le jus, qui est délicieux) et servez-les avec les *beghrir*, saupoudrées de cannelle en poudre et de sucre glace.

Les douceurs et les desserts éblouissaient l'enfant que j'étais. Cela n'a pas changé, et cette fascination pour le sucré se reflète dans ma cuisine. Je vous donne dans ce chapitre de quoi émerveiller tout votre entourage, à commencer par les plus jeunes, qui se feront d'ailleurs un plaisir de jouer au petit pâtissier en votre compagnie. Un bon dessert repose sur l'équilibre des goûts – le sucre qui ne doit pas dominer, l'acidité et le parfum des fruits, l'amertume du chocolat, la douceur des crèmes, l'arôme des épices – mais aussi des textures : croquant, croustillant, crémeux, onctueux. C'est un édifice fragile, car la pâtisserie est une œuvre de précision. Elle supporte mal l'improvisation. Suivez donc scrupuleusement ces recettes, quitte à les interpréter à votre guise plus tard. Mais que demander de plus à une simple tarte aux pralines que ce qu'elle donne déjà ?

émerveillement

Préparation : 35 min - Cuisson : 12 min - Repos : 30 min - Pour 4 personnes

Saint-honoré à l'ananas

2 ananas Victoria bien mûrs
6 cuil. à soupe de cassonade
1 cuil. à café d'extrait de vanille
1 cuil. à café de cannelle en poudre
3 tours de moulin à poivre
1 disque de pâte feuilletée (préétalée) de 22 cm de diamètre
16 chouquettes (à acheter chez le pâtissier)

La crème à l'ananas

20 cl de lait
2 jaunes d'œufs
1 cuil. à soupe rase de Maïzena
1 cuil. à café d'extrait de vanille
3 cuil. à soupe de sucre
ananas haché (voir recette)
15 cl de crème fleurette bien froide

Préchauffez le four à 180 °C (th. 6).

Hachez très finement la moitié de l'ananas ; coupez le reste en tranches très fines. Faites macérer ces tranches 30 min avec la cassonade, l'extrait de vanille, la cannelle et le poivre.

Posez le disque de pâte feuilletée sur une plaque recouverte de papier sulfurisé et faites-le cuire au four jusqu'à ce que la pâte soit levée et dorée (environ 10-12 min).

Faites frémir le lait et retirez du feu. Fouettez les jaunes d'œufs dans un saladier avec la Maïzena, l'extrait de vanille et le sucre. Ajoutez le lait tout en fouettant, reversez dans la casserole, puis faites épaissir sur feu doux. Versez de nouveau dans un saladier. Laissez tiédir la crème en la fouettant souvent, puis ajoutez l'ananas haché. Mélangez bien. Fouettez la crème fleurette en chantilly et ajoutez-la au mélange. Gardez au frais.

Percez un trou dans les choux et, avec une poche à douille (que vous pouvez confectionner à l'aide d'un sac de congélation dont vous coupez un coin), remplissez-les de crème à l'ananas. Étalez une bonne couche de crème sur le fond de pâte feuilletée, puis disposez-y les choux sur tout le pourtour. Au centre, ajoutez les tranches d'ananas macérées et égouttées. Servez sans attendre.

Pour une étape supplémentaire et un surcroît de délices, récupérez le jus de macération de l'ananas, faites-le réduire rapidement à consistance sirupeuse, et aspergez le saint-honoré de ce sirop.

Préparation : 25 min - Cuisson : 1 h - Pour 8 personnes

Matériel indispensable : un moule à cake de 24 cm

Cake marbré chocolat-vanille

250 g de farine
1 sachet de levure chimique
100 g (1/2 tablette) de chocolat noir à plus de 70 % de cacao
200 g de beurre mou + un peu pour le moule
200 g de sucre
1 pincée de sel
4 œufs
50 g de poudre d'amandes
1 gousse de vanille

Beurrez tout l'intérieur du moule à cake. Préchauffez le four à 210 °C (th. 7).

Tamisez la farine avec la levure chimique. Faites fondre le chocolat au four à micro-ondes.

Dans le bol d'un robot, réunissez le beurre, le sucre et le sel. Travaillez par pulsions jusqu'à ce que les ingrédients soient bien mélangés. Ajoutez les œufs un par un en pulsant un peu entre chaque addition. Ajoutez le mélange farine-levure chimique et la poudre d'amandes, et mixez jusqu'à incorporation complète.

Séparez la pâte en deux dans deux saladiers différents.

Fendez la gousse de vanille dans le sens de la longueur, raclez l'intérieur avec la pointe d'un couteau pour prélever les graines. Ajoutez-les à une moitié de la pâte et mélangez bien.

Ajoutez à l'autre moitié de la pâte le chocolat fondu. Mélangez bien.

Versez les deux pâtes en même temps dans le moule, chacune d'un côté. Lissez la surface avec une spatule sans mélanger les deux pâtes. Faites cuire 10 min au four, puis baissez la température du four à 170 °C (th. 5-6) et faites cuire 50 min. Vérifiez la cuisson à l'aide d'une lame de couteau, qui doit ressortir propre du gâteau.

Démoulez le gâteau et laissez-le refroidir sur une grille.

Préparation : 40 min - Refroidissement : 3 h - Cuisson : 30 min - Pour 4 personnes

Île flottante au café et aux éclats de nougat

Concassez les grains de café dans un mortier ou dans le bol d'un robot. Ils ne doivent pas être pulvérisés, juste hachés en petits morceaux. Ajoutez-les au lait dans une casserole, faites bouillir, retirez du feu, couvrez et laissez infuser 10 min.

Pendant ce temps, séparez les blancs des jaunes d'œufs. Ajoutez les 50 g de sucre aux jaunes d'œufs et fouettez-les jusqu'à ce que le mélange devienne pâle et onctueux.

Filtrez le lait à travers une passoire fine, puis ajoutez-le petit à petit aux jaunes d'œufs battus en mélangeant rapidement à l'aide d'une spatule en bois. Versez ce mélange dans une casserole et faites-le cuire sur feu doux, sans cesser de tourner, jusqu'à ce qu'il épaississe et nappe la spatule. Versez-le immédiatement dans un saladier bien froid et laissez refroidir en remuant la crème de temps à autre afin d'éviter la formation d'une peau. Couvrez de film étirable et laissez refroidir au moins 3 h au réfrigérateur.

Cassez le nougat en morceaux et concassez-le dans le bol d'un robot. Vous ne devez pas le pulvériser complètement mais le concasser plus ou moins finement. S'il reste des morceaux d'amandes, c'est encore mieux.

Préchauffez le four à 150 °C (th. 5).

À l'aide du fouet du robot ou du mixeur, ou d'un batteur électrique, montez les blancs d'œufs en neige souple avec la pincée de sel. Ajoutez, sans cesser de fouetter, les 50 g de sucre en pluie. Ajoutez en même temps la moitié du nougat concassé en fouettant bien pour éviter de faire retomber la meringue, qui doit être lisse, ferme et luisante.

Huilez légèrement un moule à cake. Versez-y le reste de nougat concassé et tournez le moule de façon à bien enrober toutes les parois. Déposez-y la meringue et lissez la surface avec une spatule. Posez le moule dans un plat à bord haut rempli d'eau frémissante à mi-hauteur du moule et faites cuire 30 min au four. Laissez refroidir hors du four.

Versez la crème anglaise au café dans un grand plat creux, démoulez la meringue au milieu. Pour servir, découpez-la en tranches épaisses et déposez-les dans des coupes. Ajoutez un peu de crème anglaise.

2 cuil. à soupe de grains de café pur arabica
50 cl de lait
6 œufs frais
50 g de sucre pour la crème + 50 g pour la meringue
200 g de nougat dur aux amandes
1 pincée de sel

Nougat

Préparation : 30 min - Cuisson : 13 min - Pour 4 personnes

Matériel indispensable : une plaque de 12 madeleines en métal ou en silicone

Madeleines aux cerises et aux amandes

100 g de farine + un peu pour les moules
1 cuil. à café rase de levure chimique
2 œufs entiers + 2 jaunes
100 g de sucre semoule
quelques gouttes d'extrait d'amande amère
100 g de beurre fondu tiède
4 cuil. à soupe d'amandes hachées en sachet
24 cerises amarena égouttées

Tamisez la farine avec la levure chimique.

À l'aide d'un fouet électrique, battez les œufs et les jaunes avec le sucre jusqu'à ce que le mélange devienne pâle et mousseux. Ajoutez la farine, puis l'extrait d'amande et enfin le beurre fondu. Laissez reposer 20 min à température ambiante.

Préchauffez le four à 210 °C (th. 7).

Beurrez les moules à madeleines. Farinez-les et secouez-les pour éliminer l'excédent de farine.

Mélangez les amandes hachées à la pâte. Introduisez celle-ci dans une poche à douille (que vous pouvez confectionner à l'aide d'un sac de congélation dont vous coupez un coin) et remplissez les moules sans atteindre le bord. Déposez 2 cerises amarena sur chaque madeleine, en les enfonçant légèrement dans la pâte.

Faites cuire 3 min au four, puis éteignez le four sans ouvrir la porte. Attendez 3 min environ que la tête des madeleines se forme. Rallumez le four à 190 °C (th. 6-7) et terminez la cuisson jusqu'à ce que les madeleines soient dorées (7 min environ).

Sortez les madeleines du four et posez-les sur la tranche, dans leurs moules, pour les laisser refroidir.

Préparation : 30 min environ - Cuisson : 30 min (le sirop), 10-15 min (la crème), 10 min (la dacquoise) - Pour 6 personnes

Dacquoise au citron

La crème au citron

2 citrons non traités

4 œufs

1 cuil. à café de Maïzena

150 g de sucre

80 g de beurre mou

Le sirop aux zestes

100 g de sucre

10 cl d'eau

La dacquoise

25 g de farine

125 g de poudre d'amandes

5 blancs d'œufs

1 filet de jus de citron

75 g de sucre semoule

125 g de sucre glace

un peu de beurre pour le moule et le papier

quelques pistaches hachées pour le décor

Lavez et séchez les citrons. À l'aide d'un économe, prélevez le zeste de l'un d'eux sans retirer la peau blanche. Taillez ce zeste en très fines lanières et faites-les cuire 30 min sur feu doux, dans un sirop composé du sucre et de l'eau. Laissez refroidir ; vous pouvez préparer cette étape à l'avance et conserver le tout au réfrigérateur.

Râpez le zeste du second citron. Pressez les 2 citrons. Battez les œufs en omelette. Délayez la Maïzena dans un peu de jus de citron. Réunissez le zeste et le jus de citron, le sucre, les œufs battus et le beurre en petits morceaux, mélangez bien et faites cuire sur feu doux en tournant constamment avec une spatule, 10 min environ, jusqu'à ce que la crème commence à épaissir. Ajoutez la Maïzena et fouettez vigoureusement, toujours sur feu doux. Vous devez obtenir une crème un peu épaisse. Laissez-la refroidir dans un saladier en posant un film étirable à même la crème pour éviter la formation d'une croûte.

Préparez la dacquoise : préchauffez le four à 180 °C (th. 6). Beurrez un moule à manqué rectangulaire. Garnissez le fond et les côtés de papier sulfurisé beurré. Mélangez la farine et la poudre d'amandes.

Battez les blancs d'œufs en neige souple, ajoutez le jus de citron et le sucre semoule progressivement, en pluie. Continuez de battre en neige ferme. Incorporez ensuite le mélange farine-amande et le sucre glace délicatement, à l'aide d'une spatule en caoutchouc. Étalez ce mélange dans le moule en une couche régulière, et faites cuire 10 min au four. Démoulez et laissez refroidir sur une grille.

Peu avant de servir, retirez le papier sulfurisé et posez la dacquoise sur un grand plat. Étalez la crème au citron sur la surface avec une palette. Parsemez de zestes confits au sirop et de pistaches hachées. Découpez en parts rectangulaires et servez.

Préparation : 35 min - Repos : 1 h - Cuisson : 20 min - Pour environ 8 sablés

Sablés bretons au chocolat et au romarin

Les sablés

1 jaune d'œuf dur
200 g de beurre demi-sel ramolli
60 g de sucre glace
170 g de farine
30 g de fécule de pomme de terre
1 cuil. à soupe rase de cacao en poudre

La ganache au romarin

20 cl de crème liquide
1 branche de romarin
200 g de chocolat noir de dessert
60 g de beurre en petits morceaux

Passez le jaune d'œuf dur à travers une petite passoire.

Battez le beurre en crème. Ajoutez dans l'ordre le sucre glace, le jaune d'œuf dur, la farine et enfin la fécule et le cacao. Ramassez la pâte en boule, enveloppez-la de film étirable et faites-la reposer 1 h au frais.

Préchauffez le four à 170 °C (th. 5-6).

Étalez la pâte à 5 mm d'épaisseur à l'aide d'un rouleau, sur une feuille de papier sulfurisé. Posez délicatement le tout sur une plaque à pâtisserie et faites cuire 15 min. Sortez la plaque du four et découpez la pâte en carrés de 8 cm environ sans les séparer. Remettez au four pour 5 min. Sortez la plaque du four et laissez refroidir.

Pendant ce temps, préparez la ganache. Faites bouillir la crème avec la branche de romarin, couvrez, retirez du feu et laissez infuser 5 min. Filtrez la crème et gardez-la au chaud (elle doit rester à environ 90 °C, presque à ébullition).

Hachez finement le chocolat, recueillez-le dans un saladier. Ajoutez la crème chaude et mélangez avec une spatule en tournant à partir du centre et en allant petit à petit vers les bords à mesure que le mélange se lie progressivement. Ne fouettez pas trop fort. Lorsque la ganache est homogène, ajoutez le beurre et mélangez. Lorsque ce mélange a la consistance d'une pommade, introduisez-le dans une poche à douille (que vous pouvez confectionner à l'aide d'un sac de congélation dont vous coupez un coin) et déposez-le sur les sablés bretons à partir du centre et en laissant la ganache se répandre en cercle jusqu'à 1 cm du bord du sablé. Servez tiède.

Préparation : 30 min - Repos au frais : 1 h - Cuisson : 15 min
Pour 4 personnes

Sablés bretons à la fleur de sel,
crème Nutella, poires à la cardamome

Les sablés
1 jaune d'œuf dur
200 g de beurre demi-sel ramolli
60 g de sucre glace
170 g de farine
30 g de fécule de pomme de terre
1 cuil. à café de fleur de sel de Guérande

La crème Nutella
25 cl de lait
2 œufs
50 g de sucre
1 cuil. à soupe rase de farine
1 cuil. à soupe rase de Maïzena
180 g de Nutella
150 g de crème liquide

La salade de poires
2 gousses de cardamome
3 cuil. à soupe de cassonade
1/2 cuil. à café d'extrait de vanille liquide
2 poires mûres mais fermes

Préparez la pâte à sablé de la recette précédente, sans cacao mais en ajoutant la fleur de sel à la fin. Laissez reposer 1 h au frais. Préchauffez le four à 170 °C (th. 5-6).

Sur une feuille de papier sulfurisé, étalez la pâte à 1 cm d'épaisseur avec un rouleau. À l'aide d'un verre à whisky ou d'un emporte-pièce de 8 cm de diamètre environ, découpez la pâte en disques que vous déposez sur une plaque recouverte de papier sulfurisé. Faites cuire 15 min au four. Laissez refroidir sur une grille.

Préparez la crème Nutella : faites bouillir le lait dans une casserole, retirez-le du feu. Fouettez les œufs et le sucre pendant 1 min, ajoutez la farine et la Maïzena et fouettez vigoureusement pour bien mélanger. Ajoutez petit à petit le lait chaud, sans cesser de fouetter, et reversez le tout dans la casserole. Faites cuire sur feu doux en fouettant jusqu'à ce que la crème épaississe. Retirez du feu, versez dans un saladier, couvrez directement d'un film étirable (pour éviter la formation d'une croûte) et laissez refroidir, puis gardez 1 h au réfrigérateur. Remuez bien et incorporez soigneusement le Nutella.

Fouettez la crème en chantilly à l'aide d'un batteur puis incorporez-la délicatement au mélange précédent.

Retirez les graines des gousses de cardamome et écrasez-les avec la lame d'un couteau. Faites fondre la cassonade sur feu doux avec 3 cuil. à soupe d'eau et la cardamome. Faites bouillir 1 min, puis retirez du feu et ajoutez l'extrait de vanille. Épluchez les poires, coupez-les en cubes, et mélangez-les dans un saladier avec le sirop à la cardamome. Laissez refroidir complètement au réfrigérateur.

Servez les sablés garnis de crème Nutella et accompagnés de la salade de poires.

Panna cotta à la mangue,
coulis fraise-basilic

Faites tremper la gélatine dans de l'eau froide pendant 10 min, puis égouttez-la et essorez-la entre vos mains.

Faites chauffer la crème avec le sucre jusqu'à frémissement. Ajoutez le nectar de mangue. Retirez du feu et ajoutez la gélatine. Remuez doucement jusqu'à ce qu'elle soit entièrement dissoute. Versez le mélange dans quatre verres ou quatre moules de votre choix. Laissez prendre 4 h au réfrigérateur.

Effeuillez le basilic (gardez 4 feuilles pour servir). Hachez grossièrement les tiges et les feuilles restantes. Faites fondre le sucre avec 10 cl d'eau, portez à ébullition, laissez réduire 1 min et ajoutez le basilic haché. Retirez du feu immédiatement et laissez reposer 5 min à couvert. Filtrez ce sirop à travers une passoire fine et laissez refroidir.

Mixez les fraises avec le sirop. Gardez ce coulis au frais. Épluchez la mangue et coupez-la en dés.

Servez les panna cottas bien froides, démoulées, nappées d'un peu de coulis fraise-basilic et garnies des dés de mangue et d'une feuille de basilic.

2 feuilles de gélatine
25 cl de crème liquide
40 g de sucre
10 cl de nectar de mangue
1 mangue mûre

Le jus passion-basilic
1 petit bouquet de basilic
3 cuil. à soupe de sucre
100 g de fraises lavées et équeutées

Préparation : 20 min - Cuisson : 40 min - Réfrigération : au moins 4 h
Pour 4 personnes

Tarte au citron vert

3 citrons verts + 1 pour le décor
1 paquet de spéculoos (environ 220 g)
100 g de beurre mou
3 œufs
1 boîte de lait concentré sucré (400 g environ)
1 cuil. à café d'extrait de vanille
1 pincée de sel

Préchauffez le four à 180 °C (th. 6). Lavez un des citrons verts, séchez-le, râpez le zeste. Pressez les 3 citrons verts et gardez le jus.

Écrasez les spéculoos dans un robot pour obtenir une poudre fine. Mélangez-les avec le beurre mou de façon à obtenir une texture sableuse, puis ramassez le tout en boule et garnissez-en un moule à manqué (environ 20-25 cm de diamètre) en appuyant bien afin de recouvrir toute la surface d'une couche régulière de pâte et en faisant remonter celle-ci sur les bords. Faites cuire 10 min au four.

Pendant ce temps, séparez les blancs des jaunes. Battez les blancs d'œufs en neige ferme avec le sel.

Dans un saladier, à l'aide d'un fouet électrique, battez les jaunes d'œufs avec le lait concentré sucré et l'extrait de vanille. Quand le mélange est bien homogène, ajoutez le jus et le zeste de citron vert. Incorporez les blancs en neige à l'aide d'une spatule, doucement, en soulevant le mélange d'un geste circulaire. Ne travaillez pas trop cette crème. Versez-la sur le fond de tarte et faites cuire 30 min au four.

Laissez refroidir hors du four et gardez la tarte quelques heures au réfrigérateur. Décorez, si vous le voulez, de fines tranches de citron vert et servez bien frais.

Préparation : 20 min - Cuisson : 35 min - Pour 4 personnes

Tarte aux pralines roses

250 g de pralines roses
25 cl de crème liquide
1 rouleau de pâte sablée préétalée pur beurre

Préchauffez le four à 160 °C (th. 5-6).

Déposez les pralines bien serrées sur un linge. Repliez le linge sur les pralines pour bien les enfermer. Concassez-les au marteau à travers le linge. Elles ne doivent pas être pulvérisées, juste partiellement écrasées, avec des morceaux.

Dans une casserole, versez 1 cuil. à soupe d'eau, puis la crème liquide, et ajoutez les pralines concassées. Portez à ébullition et faites cuire 15 min sur feu doux en remuant avec un fouet. Retirez du feu et laissez tiédir.

Déroulez la pâte sablée et garnissez-en un moule à tarte. Piquez le fond de tarte avec une fourchette. Faites-le cuire 8 min au four.

Versez la crème aux pralines sur le fond de tarte et faites cuire encore 12 min.

Vous pouvez alors servir la tarte chaude ou tiède, ou la faire refroidir complètement au réfrigérateur si vous désirez une tarte plus solide. Dans ce cas, sortez-la du réfrigérateur 30 min avant de servir.

Je dois une fière chandelle à mes parents. Lorsque j'étais adolescent, s'ils n'avaient pas insisté pour que j'apprenne un métier, je n'en serais pas là où je suis. Quel meilleur moyen de remercier ma mère que de rendre hommage à sa cuisine, à ses délicieux plats aveyronnais qui restent les racines de mes émois culinaires ? C'est pourquoi je lui consacre ce chapitre. Les recettes de famille ne sont pas toujours faciles à mettre par écrit : elles résident dans la tête et les mains de celle qui les prépare et les mots ne viennent pas forcément tout seuls. Pourtant c'est avec une grande facilité que maman m'a donné les secrets des plats qui ont bercé mon enfance : soupe au fromage, aligot, estofinade, farçous, fouace, et cette bûche de Noël qui me faisait attendre, chaque année, le réveillon avec impatience. Ces recettes sont longtemps restées dans la famille ; aujourd'hui, elles sont aussi à vous.

famille

Préparation : 20 min - Cuisson : environ 20 min en tout - Pour 4 personnes

Soupe au fromage

300 g de pain de campagne rassis (important !)
200 g de fromage râpé (gruyère ou cantal, ou un mélange des deux)
1 gros oignon
huile
sel, poivre du moulin

Préchauffez le gril du four.

À l'aide d'un couteau tranchant, coupez le pain rassis en fines lamelles.

Dans un plat creux ou une grande cocotte allant au four, déposez en les intercalant une tranche de pain et une couche de fromage, et ainsi de suite, en terminant par une couche de fromage.

Réalisez ensuite le tourin (bouillon) : épluchez et émincez l'oignon, puis faites-le roussir dans une grande casserole avec un peu d'huile. Ajoutez 1 l d'eau, salez et poivrez. Faites bouillir le tout pendant 5 min.

Arrosez de ce bouillon le mélange pain-fromage en veillant à bien imbiber le pain. Laissez reposer quelques instants pour vous en assurer. Une fois le pain et le fromage bien trempés, placez le plat sous le gril du four et laissez bien gratiner. Surveillez la coloration du gratin.

Sortez le plat du four, remuez vigoureusement la soupe avec une spatule en bois pour la faire « filer ». Servez.

Préparation : 20 min - Cuisson : 25 min - Pour 4 personnes

Aligot, saucisses grillées

Sortez la tomme fraîche et la crème fraîche du réfrigérateur. Coupez la tomme en lamelles et laissez-la reposer 1 h à température ambiante.

Épluchez et lavez les pommes de terre. Faites-les cuire 25 min à l'eau bouillante salée. Par ailleurs, faites griller les saucisses à la poêle, sur un gril en fonte ou au barbecue.

Réduisez les pommes de terre en purée dans une casserole à l'aide d'un moulin à légumes ou d'un presse-purée (pas de robot qui rendrait la purée trop compacte).

Sur feu doux, faites chauffer la purée et incorporez la tomme petit à petit, puis la crème fraîche, sans cesser de tourner avec une spatule en bois. Salez et poivrez. Ne laissez pas bouillir le mélange, mais tournez-le et étirez-le de façon à le faire « filer ».

Servez chaud accompagné des saucisses.

400 g de tomme fraîche
200 g de crème fraîche épaisse
800 g de pommes de terre
à purée (bintje)
4 saucisses fraîches d'Auvergne
ou de Toulouse
sel, poivre du moulin

Préparation : 40 min - Trempage : 8 jours - Cuisson : 1 h - Pour 15 à 20 personnes

Le stockfish est de la morue séchée et non salée, échangée jadis par les marins norvégiens contre les vins et l'huile d'olive du Sud de la France. Il mérite bien son nom de « poisson bâton » car il faut le faire tremper plusieurs jours. Il est difficile à trouver hors de l'Aveyron et du pays niçois (et bien entendu de la Norvège), mais ce plat somptueux fait partie de mes racines, et à ce titre il a sa place dans ce livre. Rien ne vous empêche d'utiliser de la morue salée ; le résultat sera un peu différent.

L'estofinade

1 kg de stockfish sec
3 kg de pommes de terre
15 œufs frais
1 gousse d'ail
1 bouquet de persil
70 cl d'huile de noix
sel, poivre du moulin

Huit jours avant la préparation, faites tremper le stockfish 8 jours dans une grande bassine d'eau froide et changez l'eau deux fois par jour. Au cours de ce trempage, quand il commence à être bien assoupli, coupez-le en deux ou trois morceaux afin de lui donner assez de place pour gonfler (il doit presque doubler de volume).

Couvrez largement le stockfish d'eau dans une casserole, ajoutez 1 demi-cuil. à café de sel, et faites cuire 1 h. Épluchez et lavez les pommes de terre, ajoutez-les au bout d'une demi-heure de cuisson. 15 min plus tard, ajoutez 6 œufs entiers, non cassés (ils doivent cuire durs).

Laissez tout cuire ensemble, puis égouttez chaque élément séparément. Écrasez les pommes de terre à la fourchette.

Écalez les œufs durs et coupez-les en petits morceaux.

Préparez le poisson : retirez la peau et les arêtes, émiettez la chair à la fourchette.

Coupez finement l'ail et le persil, mettez-les de côté.

Mélangez soigneusement le poisson, les pommes de terre et les œufs durs coupés en petits morceaux. Gardez ce mélange au chaud dans un récipient placé dans une casserole d'eau chaude. Creusez un puits dans la préparation, ajoutez l'ail et le persil, les œufs frais restants, 1 demi-cuil. à café de sel et 1 demi-cuil. à café de poivre.

Faites chauffer fortement l'huile de noix et versez-la dans le puits (c'est elle qui va cuire les œufs, l'ail et le persil). Mélangez bien le tout et servez bien chaud.

Préparation : 30 min - Cuisson : 1 h environ - Pour 4 personnes

Gratin au laguiole

800 g de pommes de terre charlotte
15 cl de vin blanc sec
25 cl de crème liquide
4 tranches fines de jambon sec de l'Aveyron ou d'Auvergne
30 g de beurre pour le plat
150 g de fromage de laguiole râpé
quelques fleurs de thym fraîches
sel, poivre du moulin

Préchauffez le four à 210 °C (th. 7).

Épluchez et rincez les pommes de terre. Faites-les cuire entières à l'eau frémissante salée, 12 min environ. Puis, coupez-les en tranches fines.

Mélangez le vin blanc et la crème liquide. Coupez le jambon en fines lanières.

Beurrez largement un plat à gratin. Étalez-y la moitié des pommes de terre et la moitié du jambon. Versez sur le tout la moitié du mélange vin blanc-crème, salez et poivrez, émiettez les fleurs de thym, puis couvrez de la moitié du laguiole râpé. Ajoutez le reste des pommes de terre et du jambon, versez le reste du mélange vin blanc-crème, un peu de sel et de poivre, puis ajoutez le reste de fromage.

Si le liquide n'arrive pas à la hauteur des pommes de terre, ajoutez encore un peu de crème.

Faites cuire 45 min au four ; la surface du gratin doit être bien dorée. Servez chaud, seul avec une salade ou en accompagnement d'une viande.

Préparation : 15 min - Cuisson : 15 min environ - Pour 4 personnes

Farçous aveyronnais

1 tranche de pain de campagne
20 cl de lait
500 g de viande hachée (bœuf, veau, porc, chair à saucisse ou un mélange)
1 tranche de jambon de pays ou 2 tranches de jambon blanc, coupées en morceaux
1 gros oignon grossièrement haché
1 gousse d'ail grossièrement hachée
1 feuille de blette (sans la côte), lavée et essorée
1 gros bouquet de persil rincé et essoré
2 œufs entiers
1 assiette de farine
huile de friture
sel, poivre du moulin

Émiettez le pain et faites-le tremper dans le lait. Au bout de 5 min, essorez-le dans votre main.

Mettez, dans le bol d'un robot, la ou les viandes hachées, le jambon, la mie de pain, l'oignon, l'ail, la feuille de blette et le persil. Mixez en une farce homogène.

Ajoutez les œufs entiers, salez et poivrez. Mélangez de nouveau.

Faites chauffer 2 cm d'huile dans une poêle.

Façonnez les farçous avec une cuillère à soupe pour constituer des boulettes ovales. Roulez-les dans la farine. Lorsque l'huile est bien chaude, faites-les frire entre 2 et 3 min de chaque côté. N'encombrez pas trop la poêle, faites frire les farçous en plusieurs fois.

Égouttez-les sur du papier absorbant et dégustez tiède.

Préparation : 40 min la veille, 20 min le jour même - Repos : 12 h environ
Cuisson : 40 min - Pour 1 fouace de 600 g environ

Fouace aveyronnaise

La veille, émiettez la levure dans le lait tiède. Laissez reposer 5 min.

Dans un grand saladier, disposez la farine en fontaine. Cassez-y les œufs, ajoutez la levure, le beurre, la crème fraîche, le sel, le sucre, le sucre vanillé et l'eau de fleur d'oranger. Travaillez bien la pâte à la main pendant environ 30 min ; elle ne doit plus coller aux doigts. Quand la pâte est prête, elle doit libérer une bulle d'air. Couvrez-la d'un torchon et laissez-la reposer toute une nuit.

Le lendemain, donnez à la pâte la forme d'une couronne et déposez-la sur une plaque recouverte de papier sulfurisé. Vous pouvez maintenir ouvert le creux central de la couronne en y plaçant un bocal en verre huilé. Laissez lever 1 h.

Préchauffez le four à 210 °C (th. 7). Faites cuire la fouace 10 min au four ; baissez la température à 180 °C (th. 6) et faites cuire environ 30 min, jusqu'à ce que la fouace soit bien dorée et un peu craquelée.

Battez le blanc d'œuf en neige et parfumez-le avec un peu d'eau de fleur d'oranger. À la sortie du four, badigeonnez la fouace de blanc d'œuf battu et saupoudrez-la de sucre. Laissez refroidir.

20 g de levure de boulanger
10 cl de lait
420 g de farine
2 œufs
125 g de beurre mou
10 cl de crème fraîche
1 pincée de sel
100 g de sucre
1 sachet de sucre vanillé
1 cuil. à soupe d'eau de fleur d'oranger

Pour la finition
1 blanc d'œuf
quelques gouttes d'eau de fleur d'oranger
sucre semoule

Préparation : 25 min - Cuisson : 10 min - Repos : 3 h - Pour 4 personnes

Bûche de Noël

La pâte

6 œufs

125 g de farine

1/2 sachet de levure chimique

125 g de sucre

1 pincée de sel

un peu de beurre pour le moule

La crème au beurre

120 g de chocolat noir cassé en petits morceaux

270 g de beurre ramolli

120 g de sucre glace

2 jaunes d'œufs (pris sur la quantité d'œufs ci-dessus)

Préchauffez le four à 210 °C (th. 7).

Séparez les blancs des jaunes d'œufs. Recueillez 4 jaunes d'œufs dans un saladier et les 2 jaunes d'œufs restants dans un bol à part. À l'aide d'un fouet électrique, battez les blancs en neige bien ferme avec la pincée de sel, et réservez-les.

Tamisez la farine avec la levure chimique.

Battez les 4 jaunes d'œufs avec le sucre jusqu'à ce que le mélange blanchisse. Ajoutez le mélange farine-levure et mélangez bien. Incorporez délicatement les blancs battus en neige à l'aide d'une spatule, doucement, en aérant bien le mélange.

Beurrez un plat rectangulaire assez large, allant au four, et versez-y la pâte. Faites cuire 10 min au four. À la sortie du four, posez un torchon propre sur la pâte et enroulez celle-ci sur le torchon. Vous obtenez un rouleau cylindrique. Gardez-le 3 h au réfrigérateur.

Pendant ce temps, préparez la crème au beurre : faites fondre le chocolat au four à micro-ondes ou au bain-marie.

Fouettez le beurre mou avec le sucre glace, puis incorporez les 2 jaunes d'œufs restants l'un après l'autre. Ajoutez le chocolat fondu.

Déroulez délicatement le biscuit, retirez le torchon, et, à l'aide d'une palette, étalez les deux tiers de crème au beurre sur la surface du biscuit. Enroulez de nouveau le biscuit.

Décorez la surface de la bûche avec le reste de crème au beurre, selon votre inspiration. Gardez cette bûche au frais jusqu'au moment de servir.

Sans rigueur, sans dépassement de soi, il n'y a pas de chef. Le métier est dur, il prend toute votre énergie, mais il vous en donne aussi. Ce chapitre est consacré aux plats élaborés qui vous demandent un peu d'effort. Les plats « de chef », comme on les appelle. Je voudrais qu'il n'y ait, entre ma cuisine et la vôtre, aucun fossé infranchissable : comme moi, devant votre fourneau, vous vous donnez entièrement. L'exigence réside dans l'exécution – suivez pas à pas les étapes de chaque recette, c'est juste une question de méthode – et dans le choix des ingrédients. Leur association, à travers des contrastes aromatiques, crée l'harmonie : citronnelle et fruits de mer, gibier et fruits d'hiver, agneau et épices douces. Ça n'a rien de sorcier, c'est la joie de cuisiner qui s'exprime par des explosions de saveurs. La récompense d'un travail exigeant.

exigence

Préparation : 30 min - Pour 4 personnes

Carpaccio de bar,
sauce soja-citron vert

1 beau bar de ligne de 1 kg, levé en filets par votre poissonnier
1 citron vert non traité
3 cuil. à soupe de sauce de soja
1 cuil. à café de moutarde forte de Dijon
2 cuil. à soupe d'huile d'arachide
1 cuil. à soupe d'huile de sésame grillé
1 bouquet de ciboulette ciselée
fleur de sel

Pressez le citron après en avoir finement râpé le zeste.

Dans un petit bol, réunissez la sauce de soja, le zeste et le jus de citron vert, la moutarde, l'huile d'arachide et l'huile de sésame. Fouettez bien pour mélanger.

Badigeonnez légèrement quatre grandes assiettes plates de cette sauce.

Posez 1 filet de bar sur votre plan de travail. À l'aide d'un couteau très tranchant, à lame longue (ou d'un couteau à saumon), coupez des tranches larges et fines en tenant la lame presque parallèlement au plan de travail. À mesure que vous coupez les tranches, étalez-les en forme de rosace sur une assiette de façon à en recouvrir toute la surface. Procédez de même avec le reste du poisson jusqu'à ce que vous ayez recouvert toutes les assiettes. Si vous devez servir plus tard, gardez les assiettes au réfrigérateur 30 min au maximum avant de servir. Sinon, badigeonnez généreusement les carpaccios avec le reste de sauce, parsemez de ciboulette ciselée et de fleur de sel, et servez immédiatement.

Préparation : 30 min - Cuisson : 35 min - Pour 4 personnes

Crème de panais,
émulsion de châtaignes, gambas grillées

600 g de panais
50 cl de bouillon de volaille
100 g de beurre
20 cl de crème liquide
4 grosses gambas crues, décongelées
huile d'olive
sel, poivre du moulin

L'émulsion de châtaignes

200 g de châtaignes cuites décortiquées (vendues sous vide)
1 échalote
1 petit oignon
1 gousse d'ail
15 cl de bouillon de volaille
1 branche de thym
2 cuil. à soupe de crème liquide
25 cl de lait
un peu de beurre
sel, poivre du moulin

Épluchez et lavez les panais, coupez-les en gros morceaux. Faites-les cuire 25 min à la vapeur ou à l'eau bouillante salée. Pendant ce temps, faites chauffer le bouillon de volaille. Égouttez les panais et mettez-les dans un blender ou dans le bol d'un robot. Mixez-les finement en ajoutant le bouillon de volaille en plusieurs fois. Terminez en ajoutant le beurre en petits morceaux et la crème. Si la soupe est trop épaisse, ajoutez du bouillon. Goûtez, salez si nécessaire, poivrez.

Émincez l'échalote et l'oignon. Écrasez l'ail. Faites-les suer doucement au beurre pendant 5 min. Ajoutez les châtaignes, le bouillon de volaille et le thym, couvrez et faites cuire 10 min sur feu doux. Retirez le thym, ajoutez la crème et le lait et mixez le tout avec un mixeur plongeant. Vous devez obtenir une crème lisse et légère. Ajoutez du lait si elle est trop épaisse. Salez, poivrez.

Décortiquez les gambas en leur laissant la tête et la nageoire caudale. Salez-les et poivrez-les. Faites-les griller à la poêle dans un peu d'huile d'olive sur feu vif, jusqu'à ce qu'elles soient dorées (2 min environ). Retirez du feu.

Dans quatre bols ou verrines, versez la crème de panais bien chaude. À l'aide du mixeur plongeant, émulsionnez la crème de châtaigne et finissez de remplir les bols. Piquez les gambas sur une pique en bois et posez-en 1 sur chaque bol. Servez immédiatement.

Préparation : 15 min - Cuisson : 10 min - Pour 4 personnes

Poêlée de cèpes et de courgettes aux cacahuètes

- 500 g de cèpes frais bien fermes
- 4 petites courgettes
- 2 gousses d'ail
- 1 petit bouquet de persil plat
- 100 g de cacahuètes grillées
- huile d'olive
- sel, poivre du moulin

Nettoyez les cèpes avec du papier absorbant, coupez la base du pied. Lavez et brossez les courgettes, coupez les extrémités. Épluchez et hachez l'ail. Effeuillez et hachez le persil. Hachez les cacahuètes grossièrement au couteau.

Coupez les cèpes en cubes, les courgettes aussi, en les laissant à part.

Faites chauffer un peu d'huile d'olive dans une poêle antiadhésive et faites-y sauter les cèpes sur feu vif jusqu'à ce qu'ils soient légèrement dorés et que toute l'eau soit évaporée (environ 5 min). Salez. Laissez-les encore mijoter 5 min.

Pendant ce temps, faites sauter les courgettes 2 min dans un peu d'huile d'olive. Laissez-les mijoter 2 ou 3 min sur feu plus doux. Salez.

Hachez l'ail et le persil, parsemez-en les cèpes et poivrez. Mélangez sur feu très doux.

Au dernier moment, réunissez les cèpes et les courgettes, ajoutez les cacahuètes et servez.

16
12

Préparation : 1 h - Cuisson : 15 min - Pour 6 personnes

Conchiglies farcis aux champignons et au foie gras,

crème de morilles, jus truffé

Épluchez, lavez et égouttez les champignons. Épongez-les dans du papier absorbant et coupez-les en petits morceaux. Faites-les cuire dans un peu d'huile d'arachide avec sel et poivre, jusqu'à ce que toute l'eau de végétation ait disparu. Ajoutez alors la moitié de la crème liquide et faites réduire de nouveau presque à sec. Versez les champignons dans le bol d'un robot et mixez-les finement. Mixez également le foie gras et ajoutez-le à la farce chaude (qui va le faire fondre). Mélangez bien. Salez et poivrez.

Faites cuire les conchiglies à l'eau bouillante salée. Laissez-les reposer 20 min.

Introduisez la farce dans une poche à douille (que vous pouvez confectionner à l'aide d'un sac de congélation dont vous coupez un coin) et remplissez-en les conchiglies avec précaution, sans les fendre. Déposez-les sur une plaque en les rangeant bien côte à côte.

Faites réduire le reste de crème avec le parmesan râpé pour obtenir une sauce onctueuse. À l'aide d'un pinceau, badigeonnez-en les conchiglies.

Faites chauffer la crème de morilles d'une part, le jus de bœuf d'autre part. À ce dernier, ajoutez les brisures de truffe.

Réchauffez les conchiglies au four à micro-ondes pendant 30 s, ou au four à 180 °C (th. 6) pendant 5 min, et faites-les ensuite gratiner sous le gril du four.

Versez d'un côté de chaque assiette la crème de morilles et de l'autre le jus aux truffes. Répartissez les conchiglies farcis entre les assiettes. Garnissez de quelques feuilles de roquette et servez immédiatement.

18 conchiglies (coquilles à farcir)
500 g de champignons de Paris
25 cl de crème liquide
125 g de foie gras de canard
40 g de parmesan reggiano fraîchement râpé
125 g de crème de morilles (recette p. 150)
5 cl de jus de bœuf
12 g de brisures de truffe
1 poignée de petites feuilles de roquette, lavées et essorées
huile d'arachide
sel, poivre du moulin

Préparation : 20 min - Marinade : 2 h - Cuisson : 32 min - Pour 4 personnes

Saint-jacques marinées au tandoori,
mousseline de carotte au curcuma

12 noix de coquilles Saint-Jacques nettoyées (sans corail)
2 tiges de citronnelle
4 carottes
50 g de beurre frais + 20 g pour le beurre noisette
1 cuil. à café de poudre de curcuma
5 cl de fond de veau (1 cuil. à soupe de fond de veau du commerce diluée dans 5 cl d'eau bien chaude)
sel, poivre du moulin

La marinade
50 g d'épices pour tandoori (à trouver dans les magasins de produits indiens ou en épicerie fine)
6 cuil. à soupe d'huile d'arachide

Préparez la marinade : dans un saladier, versez l'huile sur les épices pour tandoori et fouettez.

Taillez les tiges de citronnelle en deux dans le sens de la longueur, puis rognez-les de façon à obtenir quatre bâtonnets d'environ 15-16 cm de longueur. Piquez 3 noix de saint-jacques sur chaque bâtonnet, rangez-les dans un plat à gratin, versez la marinade dessus et roulez les brochettes dans la marinade. Laissez mariner 2 h au frais.

Épluchez et lavez les carottes, coupez-les en tronçons et faites-les cuire 30 min à l'eau bouillante salée (elles doivent être fondantes).

Faites fondre les 20 g de beurre dans une petite casserole jusqu'à ce qu'il prenne une couleur noisette. Hors du feu, ajoutez le curcuma et mélangez bien.

Égouttez les carottes, mixez-les avec le beurre frais et 2 cuil. à soupe de beurre noisette au curcuma. Vous devez obtenir une purée fine et lisse. Rectifiez l'assaisonnement et maintenez au chaud dans un bain-marie.

Dans une poêle antiadhésive, faites cuire les brochettes 1 min sur chaque face. Gardez la marinade.

Pour obtenir la sauce, faites bouillir le fond de veau et ajoutez 1 cuil. à soupe de marinade.

Déposez un peu de sauce tandoori sur quatre assiettes. Sur chacune, déposez 2 cuil. de purée de carotte, puis 1 brochette sur la purée.

Préparation : 20 min - Cuisson : 30 min (le condiment), 12 min (l'agneau)
Pour 4 personnes

Carré d'agneau en croûte d'épices,

condiment abricot-safran

2 carrés d'agneau de 6 côtes chacun, préparés par votre boucher (3 côtes par personne)
4 gousses d'ail
4 échalotes
quelques branches de persil plat
1 bouquet de coriandre fraîche
1 citron vert non traité
1 cuil. à café de graines de coriandre
1 cuil. à café de graines de cumin
60 g de chapelure
60 g de beurre mou
sel, poivre du moulin

Le condiment abricot-safran
environ 30 abricots secs
2 échalotes
1 piment rouge frais
1 petite noix de gingembre frais
150 g de cassonade
le jus de 2 citrons
2 pincées de safran en filaments
1 bâton de cannelle
6 grains de poivre noir
3 gousses de cardamome
sel

Préparez d'abord le condiment : hachez grossièrement les abricots secs au couteau. Hachez les échalotes. Coupez le piment en grosses tranches, retirez les graines et les veines intérieures. Épluchez le gingembre et taillez-le en fins bâtonnets. Mettez le tout dans une casserole. Ajoutez la cassonade, le jus de citron, les épices, et de l'eau juste pour couvrir. Salez. Portez à ébullition, faites cuire doucement à découvert, environ 30 min ou jusqu'à ce que le mélange ait la consistance d'une confiture. Goûtez, rectifiez l'assaisonnement. Laissez tiédir pendant que vous préparez les carrés.

Préchauffez le four à 220 °C (th. 7-8).

Posez les carrés d'agneau dans un plat à rôtir et frottez-les de sel et de poivre fraîchement moulu.

Épluchez l'ail et les échalotes, effeuillez le persil et la coriandre, râpez le zeste du citron vert. Recueillez le tout dans le bol d'un mixeur, ajoutez les graines de coriandre et de cumin. Mixez finement le tout.

Versez ce mélange dans un saladier, ajoutez la chapelure et le beurre. Mélangez soigneusement.

Appliquez cette pâte sur le « dos » des carrés d'agneau en la faisant bien adhérer. Faites rôtir 12 min au four.

Sortez les carrés d'agneau du four et couvrez-les d'une feuille d'aluminium. Laissez reposer 10 min avant de découper. Servez avec le condiment abricot-safran et, si vous voulez, une purée de pommes de terre.

cuisine attitude le Quinzième
MAESTRO
BONNET

Préparation : 15 min (la sauce), 30 min (le plat) – Cuisson : 40 min environ (la sauce), 40 min environ (le plat) – Pour 6 personnes

Noisettes de chevreuil sauce grand veneur,

purée pomme-céleri, coings et châtaignes

La sauce grand veneur

3 oignons
100 g de beurre
50 cl de bordeaux rouge
2 cubes de bouillon de bœuf
1 bouquet garni : 2 feuilles de laurier, 1 branche de thym
1 cuil. à café de poivre noir concassé
5 cl de crème fraîche

Le plat

1 dos de chevreuil (à commander à votre boucher en saison de chasse)
2 pommes Granny Smith
1 céleri-rave de taille moyenne
2 coings
20 cl de crème liquide environ (prévoyez-en plus pour ajuster la texture des purées)
20 cl de bouillon de veau ou de volaille
100 g de châtaignes sous vide
50 g de beurre
huile d'arachide
sel, poivre du moulin

Demandez à votre boucher de désosser le dos de chevreuil de la façon suivante : retirer les deux filets et éliminer les nerfs, puis diviser les filets en six portions de 130 g.

Préparez la sauce : hachez finement les oignons et, dans une casserole, faites-les revenir dans 50 g de beurre pendant environ 10 min, jusqu'à ce qu'ils soient translucides. Ajoutez le vin rouge, les cubes de bouillon, le bouquet garni et le poivre concassé. Portez à ébullition et, sans couvrir, laissez réduire jusqu'à ce que les deux tiers du liquide soient évaporés. Passez au chinois en pressant bien les ingrédients avec une cuillère en bois. Faites chauffer doucement sans bouillir, ajoutez la crème fraîche et le reste de beurre. Goûtez pour corriger l'assaisonnement. Gardez cette sauce au chaud.

Lavez et épluchez les pommes, le céleri et les coings. Taillez ces ingrédients en cubes de 2 cm, sans les mélanger.

Faites cuire le céleri 10 min à l'eau bouillante salée, puis égouttez-le et déposez-le dans une casserole avec la crème et les cubes de pomme. Faites chauffer et laissez compoter doucement 20 min.

Faites cuire les coings dans un peu de bouillon pendant environ 30 min, jusqu'à ce qu'ils soient tendres. ▶▶▶

« Le temps, pour un cuisinier, est une matière première, un produit comme les autres : il doit en faire son allié. Se mobiliser au bon moment, estimer les préparations, savoir gérer les urgences. Deux fois par jour, il faut faire face au défi du « coup de feu » et le surmonter. »

▶▶▶ Coupez les châtaignes en petits dés et faites-les revenir avec 20 g de beurre et un peu de sel. Quand elles commencent à dorer, versez un peu de bouillon chaud et faites réduire. Gardez au chaud à four doux.

Égouttez les cubes de pommes et de céleri, puis passez-les au mixeur. Ajoutez un peu de crème. Rectifiez l'assaisonnement et gardez au chaud dans un bain marie.

Égouttez et mixez les coings comme précédemment. Cette purée doit être plus compacte que la purée pomme-céleri afin que vous puissiez réaliser des quenelles.

Préchauffez le four à 180 °C (th. 6). Salez et poivrez les 6 petits filets de chevreuil.

Dans une sauteuse allant au four, faites saisir les filets de chevreuil dans un peu d'huile, ajoutez 30 g de beurre et mettez au four. Comptez 4 min de cuisson pour une viande rosée et 6 min pour une viande à point. Tranchez chaque filet en trois afin d'obtenir des noisettes régulières.

Au centre de chaque assiette, déposez une quenelle de purée de coing et répartissez harmonieusement la sauce grand veneur autour de celle-ci. Déposez autour de la quenelle les 3 noisettes de chevreuil et, entre elles, les dés de châtaigne. Servez la purée pomme-céleri à part.

Préparation : 1 h (la crème de morilles), de 4 à 5 h (les tomates confites), 25 min (le reste de la recette) - Cuisson : 20 min - Pour 4 personnes

Filet mignon de veau,
fricassée d'artichaut violet à la tomate confite, crème de morilles

1 filet mignon de veau de 500 g, ficelé comme un rôti par votre boucher
8 petits artichauts violets
le jus de 1/2 citron
1 noix de beurre
250 g de fèves fraîches en cosse
25 cl de jus de veau (2 cuil. à café de fond de veau en poudre diluées dans 25 cl d'eau chaude)
8 quartiers de tomate confite
20 cl de crème de morilles et quelques morilles pour le décor
8 petites feuilles de pousse de blette
3 cuil. à soupe d'huile d'olive
3 cuil. à soupe d'huile d'arachide
sel, poivre du moulin

La crème de morilles
50 g de morilles séchées
1 échalote
20 g de beurre
5 cl de vin de noix
50 cl de crème liquide
sel, poivre du moulin

Les tomates confites
6 tomates moyennes
10 g de sucre
thym, laurier
2 étoiles de badiane (anis étoilé)
4 gousses d'ail
10 cl d'huile d'olive
sel, poivre du moulin

Il est préférable de préparer la crème de morilles et les tomates confites à l'avance, par exemple la veille (vous pouvez aussi les acheter dans une épicerie fine).

Faites tremper les morilles dans 50 cl d'eau chaude pendant 20 min, puis faites-les bouillir 30 min dans la même eau. Filtrez le tout à travers une passoire fine garnie d'un linge très fin, rincez les morilles à l'eau froide afin d'éliminer tout le sable et les débris, puis coupez-les en deux. Conservez le jus de cuisson. Ciselez finement l'échalote. Dans une casserole, faites fondre le beurre et faites-y rissoler les morilles quelques minutes. Ajoutez l'échalote, faites sauter 2 min puis ajoutez le vin de noix. Faites réduire presque à sec, puis ajoutez le jus de cuisson et la crème. Faites réduire cette sauce sur feu vif pour lui donner l'épaisseur désirée. Passez à travers une passoire fine, salez et poivrez, puis rajoutez les morilles. Si vous préparez cette crème à l'avance, gardez-la au réfrigérateur.

Préchauffez le four à 95 °C (th. 3). Ébouillantez brièvement les tomates, puis pelez-les. Coupez chaque tomate en 4 quartiers et retirez les pépins à l'aide d'un couteau. Badigeonnez d'huile d'olive une grande plaque anti-adhésive, saupoudrez-la de sel, de poivre et de sucre. Disposez-y les quartiers de tomate, puis saupoudrez de nouveau de sel, de poivre et de sucre. Émiettez sur le tout le thym, le laurier et la badiane, puis hachez finement l'ail et parsemez-en les tomates. Arrosez du reste d'huile d'olive. Faites cuire de 3 à 4 h au four suivant la grosseur. Toutes les 30 min, retournez les tomates afin qu'elles confisent uniformément. Gardez-les au réfrigérateur dans un récipient fermé.

▸▸▸

« Rien n'est jamais acquis. Mais en cuisine comme en tout, l'ardeur au travail, la vigilance et l'application chassent les incertitudes. »

▶▶▶ Retirez les feuilles des artichauts avec un couteau tranchant en tournant autour du légume afin de ne garder que le cœur, taillez-les en quatre et retirez le foin. Gardez-les dans un peu d'eau citronnée. Faites chauffer l'huile d'olive dans une poêle, faites-y revenir les quartiers d'artichauts égouttés et terminez la cuisson sur feu moyen pendant 5 min en ajoutant un peu de beurre. Salez et poivrez. Gardez au chaud à four doux.

Écossez les fèves, faites-les blanchir 10 s dans de l'eau bouillante salée, puis plongez-les dans de l'eau glacée. Retirez la peau des fèves et ajoutez-les au jus de veau. Gardez au chaud à four doux.

Faites chauffer doucement les tomates confites et la crème de morilles avec les morilles mises de côté.

Préchauffez le four à 210 °C (th. 7). Salez et poivrez le filet de veau, faites-le colorer sur toutes ses faces dans l'huile d'arachide, puis faites-le cuire 7 min au four pour avoir une cuisson rosée à cœur. Taillez-le en fines tranches.

Pour servir, disposez sur un côté de l'assiette les quartiers d'artichaut en bataille. Par-dessus, posez 2 quartiers de tomate confite, 2 pousses de blette et les morilles coupées en deux. Finissez en ajoutant un peu de crème de morilles. Sur l'autre côté de l'assiette, versez le jus de veau avec les fèves et disposez les fines tranches de veau par-dessus. Servez.

Préparation : 25 min - Marinade : de 3 à 12 h - Cuisson : 30 min
Pour 4 personnes

Boeuf mariné en brochettes façon thaïe, grenailles de Noirmoutier

500 g de faux-filet bien tendre découpé en tranches épaisses, dénervé et dégraissé
750 g de grenailles de Noirmoutier, lavées et essuyées
beurre ou huile
sel, poivre du moulin

La marinade
1 cuil. à soupe de sauce de poisson thaïlandaise ou de *nuoc-mâm*
1 cuil. à café de sauce Worcestershire
1 cuil. à soupe de cassonade
1 cuil. à soupe de jus de citron vert
1 cuil. à soupe d'ail haché
1 cuil. à soupe de piments verts hachés, sans les graines (piment vert thaïlandais conseillé), diminuer la dose si nécessaire

L'assaisonnement final
5 cuil. à soupe de sauce de poisson ou de *nuoc-mâm*
5 cuil. à soupe de jus de citron vert
3 cuil. à soupe d'échalote finement ciselée
2 cuil. à soupe de feuilles de coriandre hachées
2 cuil. à soupe de feuilles de menthe hachées
un peu de piment rouge séché (on peut utiliser du piment d'Espelette)
huile d'arachide

Découpez les steaks en carrés de 4 cm environ.

Mélangez les ingrédients de la marinade et faites-y mariner la viande pendant au moins 3 h à température ambiante (ou 12 h au réfrigérateur).

Peu avant de préparer le plat, faites rissoler les grenailles au beurre ou à l'huile jusqu'à ce qu'elles soient bien tendres et dorées. Salez et poivrez. Si vous avez gardé la viande au réfrigérateur, sortez-la 30 min avant de la faire cuire. Préparez l'assaisonnement en mélangeant tous les ingrédients et en liant légèrement le tout avec juste assez d'huile d'arachide pour pouvoir étaler le mélange sur la viande.

Piquez la viande sur des brochettes et faites-les griller à votre goût (saignant ou à point) en les badigeonnant régulièrement de marinade. Une fois les brochettes cuites, déposez-les dans un plat creux et versez l'assaisonnement dessus. Laissez reposer 5 min, puis servez les brochettes avec les grenailles.

Tournedos Rossini,
pommes de terre rattes écrasées à la truffe, jus au foie gras

1 filet de bœuf de 500 g, ficelé en rôti par votre boucher
1 truffe noire en conserve, avec son jus
400 g de pommes de terre rattes
50 g de beurre
220 g de foie gras de canard cru
1/2 cube de bouillon de bœuf
3 cuil. à soupe de madère ou de porto
2 cuil. à soupe d'huile d'arachide
sel, poivre du moulin

Coupez 12 fines tranches dans la truffe, hachez finement le reste au couteau ; gardez le jus de conserve.

Faites cuire les pommes de terre rattes entières à l'eau bouillante salée pendant 20 à 30 min selon leur grosseur. Elles doivent être parfaitement cuites : la pointe d'un couteau doit pouvoir y pénétrer jusqu'au centre. Égouttez-les, passez-les sous l'eau froide courante, puis pelez-les et écrasez-les grossièrement à la fourchette ; ajoutez le beurre en petits morceaux et le reste de truffe hachée. Salez, poivrez. Couvrez, gardez au chaud.

Coupez dans le morceau de foie gras quatre tranches de 30 g environ. Hachez finement le reste au couteau.

Préparez un jus de bœuf en diluant le demi-cube de bouillon dans 20 cl d'eau bouillante. Ajoutez le madère et laissez réduire jusqu'à épaississement. Ajoutez le foie gras haché. Poivrez, remuez bien, gardez au chaud dans un bain marie.

Préchauffez le four à 210 °C (th. 7).

Faites chauffer l'huile d'arachide dans une sauteuse et faites-y colorer le filet de bœuf sur toutes ses faces. Terminez la cuisson 7 min au four (pour une cuisson saignante ; augmentez ou réduisez le temps de cuisson selon vos préférences). Retirez le plat du four et laissez reposer la viande 5 min. Découpez-la en quatre tranches et répartissez-les sur quatre assiettes. Ajoutez un peu d'écrasée de pomme de terre à la truffe.

Dans une poêle, sur feu vif, faites saisir rapidement les tranches de foie gras sans matière grasse. Déposez-les sur les tranches de bœuf. Ajoutez un peu de sauce autour et décorez des lamelles de truffe.

Préparation : 20 min la veille (le crémeux), 15 min la veille (la compotée), 15 min (le *shortbread*) – Repos : 2 h (le *shortbread*), 12 h (la compotée), 12 h (le crémeux)
Cuisson : 1 h environ (la compotée), 10 min (le *shortbread*) - Pour 4 personnes

Crémeux et *shortbread* au chocolat, compotée d'ananas vanillée

Le *shortbread* au chocolat

187 g de beurre mou
87 g de sucre glace
175 g de farine
25 g de cacao en poudre

Le crémeux au chocolat

20 cl de lait
20 cl de crème liquide
5 jaunes d'œufs
80 g de sucre
250 g de chocolat noir à 70 % de cacao, cassé en petits morceaux

La compotée d'ananas vanillée

1 ananas mûr de 750 g environ (500 g épluché)
125 g de sucre
1 gousse de vanille

Finition

2 cuil. à soupe de copeaux de chocolat ou d'éclats de fèves de cacao

La veille, préparez le crémeux au chocolat : faites bouillir le lait avec la crème et retirez du feu. À l'aide d'un fouet électrique, battez les jaunes d'œufs avec le sucre jusqu'à ce que le mélange soit pâle et mousseux. Ajoutez petit à petit le lait et la crème, en fouettant, puis le chocolat. Mixez pendant 5 min, puis versez le tout dans un petit bac rectangulaire, couvrez de film étirable et laissez refroidir au réfrigérateur.

Préparez les *shortbreads* au chocolat, qui peuvent être également réalisés la veille. Mélangez à l'aide d'un fouet électrique le beurre mou et le sucre glace jusqu'à ce que le mélange soit pâle et léger. Ajoutez petit à petit la farine, sans cesser de battre, puis le cacao. Ramassez cette pâte en boule et étalez-la entre deux feuilles de papier sulfurisé en une plaque carrée d'une épaisseur de 1,5 cm environ. Gardez cette pâte au réfrigérateur, sur une plaque, pendant 2 h. Ce temps écoulé, préchauffez le four à 170 °C (th. 5-6). Retirez la couche supérieure de papier sulfurisé et faites cuire la plaque pendant 10-12 min. Sortez-la du four, découpez-la aussitôt en rectangles de 4 x 11 cm. Laissez refroidir ; gardez ces sablés dans une boîte à fermeture hermétique.

La veille aussi, préparez la compote d'ananas vanillée : hachez la chair d'ananas en petits morceaux à l'aide d'un couteau, en gardant le jus. Recueillez le tout dans une casserole en acier inoxydable ou en émail, ajoutez le sucre et la gousse de vanille fendue (raclez l'intérieur de la gousse de vanille à l'aide d'un couteau pour libérer les graines et ajoutez le tout aux autres ingrédients). Laissez mariner toute une nuit au frais.

Le lendemain, faites cuire sur feu doux jusqu'à ce que l'ananas devienne translucide. Mixez la compote d'ananas et faites-la cuire de nouveau jusqu'à obtenir une consistance épaisse.

Pour servir, posez un rectangle de *shortbread* au chocolat sur chaque assiette. Recouvrez-le de compote d'ananas vanillée. À l'aide d'une cuillère à soupe, confectionnez 2 quenelles de crémeux au chocolat et déposez-les sur chaque assiette. Vous pouvez saupoudrer de chocolat râpé en copeaux à l'aide d'un économe, ou d'éclats de fèves de cacao.

Qui ne risque rien n'a rien. En cuisine comme en tout, qui ne sait pas se mettre
en danger n'évolue pas. Sans audace, comment se renouveler ?
Comment trouver sa propre personnalité ? Un cuisinier doit suivre les goûts de ses
convives pour les rendre heureux, mais il doit aussi les devancer pour les surprendre.
L'audace, pour un chef, c'est aussi le voyage, l'expérience de saveurs inconnues.
Mais goûter sans expérimenter n'a aucun sens : il faut oser associer les ingrédients,
quitte à « se planter » la première fois. L'expérimentation est toujours payante.
J'en trouve l'inspiration dans les senteurs épicées des souks de Marrakech,
dans les tapas des bars espagnols, dans les bars à sushi, mais aussi
plus près de nous, à travers des ingrédients connus, réorganisés de façon inhabituelle :
un fromage farci aux raisins ou servi avec de la pâte de coings ;
des tranches de kiwi sur un sushi, etc.

audace

Préparation : 20 min - Cuisson : environ 5 min - Pour 4 personnes

Sauté de canard au poivre vert, poivron orangé

2 magrets de canard
1 cuil. à soupe de saké ou de vin blanc très sec (type jerez)
2 gousses d'ail
1 noisette de gingembre frais
4 ou 5 grappes de poivre vert frais (à trouver dans les magasins de produits asiatiques)
1 poivron orange
1 gros oignon
2 ou 3 petits piments rouges frais
2 cuil. à soupe de sauce de poisson (*nam pla* ou *nuoc-mâm*)
1 cuil. à soupe de cassonade
1 cuil. à soupe de jus de citron vert
50 g de noix de cajou grillées
3 branches de basilic thaï (ou de basilic normal) effeuillées
2 cuil. à soupe d'huile d'arachide
sel, poivre blanc du moulin

La garniture

1/2 mangue bien ferme
2 ciboules ou 1 oignon blanc nouveau

Retirez la graisse des magrets de canard. Coupez le canard dans le sens de la largeur, en tranches de 5 mm d'épaisseur environ. Frottez-les avec le saké, un peu de sel et de poivre blanc. Laissez reposer.

Hachez finement l'ail et le gingembre. Écrasez légèrement le poivre vert avec le plat de la lame d'un gros couteau. Retirez le cœur et les graines du poivron orange, coupez-le en lanières de 1 cm de largeur environ. Épluchez l'oignon et coupez-le en rondelles de 5 mm d'épaisseur environ. Gardez les piments rouges entiers.

Mélangez la sauce de poisson, la cassonade et le jus de citron vert.

Préparez la garniture : taillez la chair de mangue en fins bâtonnets. Épluchez et coupez finement les ciboules. Mettez de côté.

Faites chauffer un wok sur feu vif. Quand il est bien chaud, ajoutez l'huile et faites tourner le wok pour la répartir. Faites sauter les rondelles d'oignon et le poivron pendant 1 min, puis mettez-les de côté sur une assiette.

Toujours sur feu vif, faites revenir l'ail et le gingembre pendant quelques secondes, jusqu'à ce qu'ils dégagent leur odeur. Faites alors sauter le canard, le poivre vert, les piments rouges et les noix de cajou en remuant constamment, jusqu'à ce que le canard soit bien saisi. Ajoutez les oignons et le poivron orange. Faites sauter encore 30 s, puis ajoutez le mélange sauce de poisson-sucre-jus de citron vert. Faites évaporer sur feu vif en remuant bien, ajoutez les feuilles de basilic, puis versez le tout sur un plat.

Saupoudrez de poivre blanc, garnissez de la julienne de mangue et des ciboules. Servez avec un riz blanc cuit à la vapeur.

Tapas

3 poivrons verts
1 douzaine d'olives vertes dénoyau-tées
2 tomates moyennes bien mûres
2 cuil. à soupe de vinaigre de vin rouge
4 cuil. à soupe de très bonne huile d'olive
sel, piment d'Espelette ou paprika d'Espagne piquant

Préparation : 20 min - Repos : 20 min - Pour 4 personnes

Salade de tomates et de poivrons verts

Préchauffez le gril du four et faites-y griller les poivrons pendant une dizaine de minutes en les tournant progressivement jusqu'à ce que toute la peau soit noircie. Enveloppez-les dans une feuille d'aluminium, laissez-les reposer 20 min, puis pelez-les et nettoyez-les bien. Taillez la chair en lanières et disposez-la dans un plat creux ; salez légèrement.

Hachez grossièrement les olives vertes.

Plongez les tomates quelques secondes dans l'eau bouillante, pelez-les, coupez-les en deux et pressez légèrement pour retirer les pépins. Taillez la chair de tomate en dés et déposez-la sur les poivrons. Ajoutez les olives hachées, salez, saupoudrez d'un peu de piment d'Espelette. Juste avant de servir, arrosez du vinaigre battu avec l'huile. Servez à température ambiante.

---

300 g d'anchois bien frais
15 cl de vinaigre de Jerez
10 cl d'eau
2 cuil. à café de sel
2 gousses d'ail
1 petit bouquet de persil plat
huile d'olive

Préparation : 30 min - Repos : 24 h - Pour 4 personnes

Anchois marinés

Coupez la tête des anchois. Rincez-les sous un filet d'eau froide et retirez les filets en les détachant avec vos doigts à partir de la tête. Essuyez soigneusement les filets dans du papier absorbant.

Mélangez dans une terrine le vinaigre, l'eau et le sel. Remuez pour dissoudre le sel. Déposez-y les filets d'anchois, couvrez la terrine de film étirable et laissez reposer 24 h au réfrigérateur.

Peu avant de servir, épluchez et hachez l'ail. Hachez le persil.

Rincez les filets à l'eau froide courante et recouvrez-les d'ail et de persil hachés. Arrosez généreusement d'huile d'olive. Servez avec des toasts chauds.

1 queue de lotte de 600 g
le jus de 1/2 citron
8 gousses d'ail pelées
1 piment d'Espelette débarrassé de ses graines et émietté, ou 1 cuil. à café de piment d'Espelette en flocons ou en poudre
2 cuil. à soupe de farine
1 citron
6 cuil. à soupe d'huile d'olive
sel fin

Préparation : 40 min - Cuisson : 6 min environ - Pour 4 personnes

Lotte pil-pil

Retirez l'arête centrale de la lotte et coupez la chair en cubes de 3 cm environ. Arrosez-les du jus de citron, saupoudrez-les de sel et laissez reposer 30 min.

Taillez les gousses d'ail en tranches un peu épaisses. Faites chauffer l'huile d'olive dans une poêle et faites-y dorer sur feu moyen l'ail. Lorsqu'il est uniformément doré, ajoutez le piment sans le laisser brûler, remuez quelques instants, réservez sur feu doux.

Essuyez les cubes de lotte, farinez-les légèrement. Sur feu vif, faites-les frire dans l'huile environ 2-3 min. Le poisson doit être bien saisi mais surtout pas surcuit. Servez chaud avec des quartiers de citron.

---

250 g de manchego (fromage de brebis espagnol) ou de fromage de brebis des Pyrénées (ossau-iraty, etorki, idiazabal)
250 g de pâte de coing (non enrobée de sucre en poudre), en 1 morceau

Préparation : 10 min - Pour 4 personnes

Fromage à la pâte de coing

Taillez le fromage en tranches régulières. Taillez la pâte de coing en tranches de même forme, de même taille et de même épaisseur et déposez ces tranches sur les tranches de fromage. Découpez ensuite le tout en triangles et servez. C'est tout, et c'est délicieux à l'apéritif !

---

400 g de petits champignons de Paris
4 gousses d'ail pelées, coupées en tranches
le jus de 1/2 citron
1 piment d'Espelette débarrassé de ses graines et émietté, ou 1/2 cuil. à café de poudre de piment d'Espelette
1 petit verre (7 cl) de jerez sec
2 cuil. à soupe de persil plat haché
4 cuil. à soupe d'huile d'olive
sel

Préparation : 15 min - Cuisson : 10-15 min environ - Pour 4 personnes

Champignons à l'ail

Retirez le pied des champignons, rincez-les, épongez-les dans du papier absorbant. Coupez-les en tranches épaisses.

Dans une poêle, faites chauffer l'huile et faites-y frire l'ail. Dès qu'il a pris couleur, ajoutez les champignons et le jus de citron. Remuez sur feu vif quelques minutes, le temps de faire évaporer l'eau de végétation ; ajoutez le piment, le jerez, salez et faites cuire encore 1 min. Ajoutez le persil et servez bien chaud.

Faites vos sushis

Le riz, préparation et repos : 40 min, cuisson : 25 min - Confection des sushis : 30 min environ - Pour 4 à 6 personnes

Le riz et autres préparatifs

450 g de riz japonais ou de riz rond pour desserts
4 cuil. à soupe de sucre
4 cuil. à soupe de vinaigre de riz
2 cuil. à café de sel
50 cl d'eau

Autres ingrédients
2 ou 3 cuil. à soupe de *wasabi* en poudre, 1 flacon ou 1 sachet de gingembre mariné en lamelles (*gari*), sauce de soja japonaise, légumes et herbes, etc.

Ustensiles spéciaux
une spatule en bambou, un plat en bois (si possible), un éventail, une natte en bambou pour sushi

Rincez le riz dans un grand récipient d'eau et égouttez-le. Recommencez l'opération deux fois, puis laissez égoutter le riz 30 min dans une passoire fine. Mélangez le sucre, le vinaigre et le sel.

Versez le riz dans une grande casserole, ajoutez l'eau. Portez à ébullition, baissez le feu, couvrez et faites cuire 15 min sur feu très doux sans jamais soulever le couvercle. Ce temps écoulé, retirez la casserole du feu sans la découvrir et laissez reposer 10 min.

Versez le riz dans un grand plat (de préférence en bois) et mélangez-le rapidement, sans l'écraser, avec une spatule en bois, tout en ajoutant le mélange liquide petit à petit sur toute la surface. Une fois l'assaisonnement ajouté, aérez le riz à l'aide d'un éventail (ou d'un ventilateur) pendant 3 min en mélangeant doucement. Votre riz est prêt, il doit être utilisé encore un peu tiède.

Pour 4 personnes, délayez 2 cuil. de *wasabi* en poudre avec juste assez d'eau pour obtenir une pâte épaisse. Vous ajouterez le *wasabi* directement dans les rouleaux de sushi ou dans le bol du *chirashi*. Servez avec une coupelle de sauce de soja.

Les poissons et fruits de mer doivent être parfaitement nettoyés, débarrassés de toute arête ou peau. Les crustacés doivent être décortiqués, le crabe en boîte débarrassé des cartilages, etc. Vous pouvez aussi tailler des tranches de concombre pour réaliser des ornements, servir des herbes (*shiso*, persil, etc.) - je laisse la suite à votre imagination.

Maki zushi

500 g de poisson cru ultra-frais de votre choix, ou un assortiment de plusieurs (pavé de saumon, de thon rouge, filet de daurade, de chinchard, etc.), blanc de seiche ou de calmar, chair de crabe, crevettes cuites, etc.
riz sushi cuit (voir recette précédente)
1 sachet d'algues *nori* en feuilles
1 cuil. à soupe de *wasabi* en poudre

Condiments et légumes divers
bâtonnets de concombre, de champignon, d'omelette, d'avocat, gingembre mariné, etc.

Ustensiles
un couteau tranchant, une natte en bambou pour sushi

Passez la feuille d'algue *nori* quelques secondes au-dessus d'une flamme afin de l'assouplir. Pour réaliser des *maki* épais, gardez-la entière ; pour des *maki* fins, coupez-la en deux.

Étalez la natte en bambou devant vous sur un torchon, bâtonnets dans le sens horizontal. Posez-y la feuille d'algue bien centrée sur la natte. Étalez-y une couche fine et régulière de riz en laissant une marge de 1 cm au bord inférieur de la feuille et de 2 cm au bord supérieur, mais recouvrez parfaitement les bords gauche et droit.

Déposez horizontalement les ingrédients de la garniture (bâtonnets de poisson, d'omelette, d'avocat, de crabe, etc.) au niveau du tiers inférieur de la couche de riz. Ajoutez un peu de *wasabi* sur toute la longueur de la garniture, du bout des doigts.

Soulevez le bord inférieur de la natte et roulez-la délicatement, en pressant le contenu au fur et à mesure, afin d'obtenir un rouleau bien régulier. Coupez ce rouleau en deux tronçons égaux, puis alignez ceux-ci côte à côte et coupez le tout en deux ou trois, ce qui vous donne quatre ou six tronçons. C'est prêt.

Quelques idées : outre les *maki* à base de poisson cru, vous pouvez aussi les garnir au concombre (*kappa maki*), au crabe ou à l'avocat (*california maki*), voire au saumon fumé ou mariné.

Chirashi zushi

Mêmes ingrédients que pour le *maki zushi*, mais il suffit d'étaler une couche de riz sushi tiède dans un grand bol pour chaque convive et de le recouvrir de garnitures variées : poissons crus coupés en tranches (thon, saumon, daurade) ou hachés avec un peu de ciboulette (sardine, hareng, chinchard), fruits de mer (crevettes cuites et décortiquées, crabe, clam, blanc de seiche ou de calmar, œufs de saumon, corail d'oursin, etc.), légumes (concombre, radis blanc râpé), et omelette roulée cuite avec un peu de sucre, de saké et de sauce de soja. L'algue *nori* est taillée en bâtonnets dont on parsème le *chirashi* avant de servir. Ne pas oublier un peu de gingembre mariné et de *wasabi* préparé.

Noix de saint-jacques gratinées au chorizo,

blinis de patate douce, émulsion de roquette

20 noix de coquilles Saint-Jacques
500 g de roquette lavée et essorée
100 g de chorizo (choisir un chorizo un peu mou)
100 g de beurre
50 g de chapelure
10 cl de bouillon de volaille
15 cl de crème liquide
huile d'arachide et beurre pour la cuisson

Les blinis de patate douce
1 patate douce de 250 g environ
15 g de beurre
150 g de farine
1 œuf
20 cl de crème liquide
huile d'arachide pour cuire les blinis
sel, poivre du moulin

Épluchez et lavez la patate douce, coupez-la en gros cubes et faites-la cuire sur feu doux avec le beurre et un peu de sel, en couvrant à demi. Une fois l'eau évaporée (environ 20 min), la patate douce doit être cuite. Écrasez-la à la fourchette, puis mélangez-la avec la farine. Ajoutez l'œuf, fouettez, puis ajoutez la crème. Fouettez de nouveau et laissez reposer 1 h au réfrigérateur.

Faites blanchir la roquette quelques secondes dans de l'eau bouillante salée (gardez 20 feuilles pour servir), égouttez-la et pressez-la avec vos mains, puis dans du papier absorbant. Étalez-la en une couche fine sur un plat et laissez-la durcir 1 h au congélateur.

Retirez la peau du chorizo et coupez-le en tranches. Réduisez-le en purée pas trop fine dans un robot, ajoutez le beurre et la chapelure, mixez un peu. Recueillez ce beurre au chorizo dans une feuille d'aluminium, roulez-le en un cylindre de 3 cm de diamètre, et gardez-le au moins 1 h au réfrigérateur.

Quand la roquette est bien congelée, pulvérisez-la dans le bol d'un robot. Faites bouillir le bouillon et la crème, ajoutez la roquette et émulsionnez le tout au mixeur plongeant. Gardez au tiède.

Dans une poêle antiadhésive, faites chauffer un peu d'huile d'arachide. Déposez-y de petites cuillerées de pâte à blinis et faites-les cuire environ 1 min sur chaque face. Gardez au chaud dans un four doux. Préchauffez le gril du four. Coupez 20 tranches de beurre au chorizo.

Épongez les saint-jacques dans du papier absorbant. Faites chauffer un peu d'huile d'olive et de beurre dans une poêle antiadhésive, faites-y sauter les noix 1 min de chaque côté. Déposez-les dans un plat, couvrez chacune d'1 tranche de beurre au chorizo et faites gratiner sous le gril du four.

Émulsionnez de nouveau la roquette avec le mixeur plongeant ; versez la mousse obtenue sur le fond de quatre assiettes. Déposez sur chacune 5 noix de saint-jacques et décorez d'1 feuille de roquette. Disposez les blinis de patate douce à côté et servez.

Préparation : 15 min - Repos : 20 min - Cuisson : 20 min - Pour 4 personnes

Tajine de lotte à la chermoula et aux carottes nouvelles

Épluchez les gousses d'ail, retirez les pépins du citron confit, effeuillez la coriandre et le persil.

Dans le bol d'un robot, réunissez l'ail, le sel, le citron confit, le cumin, le curcuma, le poivre, le paprika et le piment d'Espelette. Mixez finement, puis ajoutez l'huile d'olive et mixez en une pâte fine. Ajoutez la coriandre et le persil et mixez le tout sans trop pulvériser les herbes.

Versez cette préparation dans un plat, ajoutez les morceaux de lotte et retournez-les bien pour les enrober parfaitement. Couvrez et laissez reposer 20 min.

Grattez et lavez les carottes nouvelles. Coupez-les en rondelles. Hachez l'oignon.

Dans un tajine posé sur feu vif ou dans une cocotte, faites chauffer l'huile d'olive et faites-y sauter l'oignon pendant 1 min. Ajoutez les carottes, mélangez, couvrez le tajine et faites cuire 10 min.

Retirez le couvercle du tajine, ajoutez le poisson, sa marinade et les olives, couvrez et faites cuire 10 min sur feu vif.

Portez le tajine à table et ôtez le couvercle devant les invités : un merveilleux parfum d'herbes et d'épices se répandra immédiatement.

1 kg de lotte nettoyée, coupée en 8 morceaux
800 g de carottes nouvelles
1 oignon
1 cuil. à soupe d'huile d'olive
12 olives noires dénoyautées

La chermoula

4 gousses d'ail
1 citron confit au sel
1 bouquet de coriandre fraîche lavée et essorée
4 branches de persil plat lavées et essorées
2 cuil. à café rases de sel
2 cuil. à café rases de cumin en poudre
1 cuil. à café rase de curcuma
1 cuil. à café rase de poivre noir du moulin
2 cuil. à café rases de paprika
1 cuil. à café rase de piment d'Espelette (facultatif)
10 cl d'huile d'olive

Préparation : 20 min - Repos : 4 h pour les raisins, au moins 4 h pour la fourme
Pour 8 à 10 personnes

Fourme d'Ambert à ma façon

1 petite fourme d'Ambert bien affinée
200 g de raisins secs (de Smyrne)
20 cl de porto rouge
250 g de mascarpone

Faites tremper les raisins dans le porto pendant 3 ou 4 h jusqu'à ce qu'ils soient bien imprégnés. Égouttez-les.

Coupez la fourme d'Ambert en deux dans le sens de la longueur. Creusez légèrement chaque face coupée avec un couteau et une cuillère. Gardez un tiers du fromage prélevé pour un autre usage (par exemple une soupe au fromage, une salade ou un gratin) et émiettez le reste.

Battez le mascarpone avec les raisins, incorporez-les au fromage émietté. Remplissez les coques de fourme d'Ambert de ce mélange. Reconstituez le fromage, enveloppez-le d'une bonne quantité de film étirable pour bien le maintenir en forme et laissez-le se raffermir au moins 4 h au réfrigérateur.

Servez découpé en tranches.

Préparation : 1 h - Cuisson : 6 min - Pour 4 personnes

Matériel indispensable : une sorbetière

Soufflé au chocolat, glace au thym,

émulsion fraise-poivron rouge

La glace au thym

50 cl de lait

50 cl de crème liquide

1 petit bouquet de thym (20 g), rincé et séché

10 jaunes d'œufs

180 g de sucre semoule

Le soufflé

135 g de chocolat à 70 % de cacao

30 g de beurre + un peu pour les moules

4 blancs d'œufs

50 g de sucre semoule + un peu pour les moules

2 jaunes d'œufs

La mousse fraise-poivron rouge

100 g de poivron rouge pelé et cuit, coupé en petits cubes

75 g de fraises rincées et équeutées

1 blanc d'œuf

Préparez d'abord la glace. Portez le lait et la crème à ébullition, retirez du feu et faites-y infuser le thym pendant 10 min après ébullition.

Mélangez les jaunes d'œufs et le sucre en les fouettant énergiquement jusqu'à ce que le mélange blanchisse.

Portez l'infusion de thym à frémissement. Versez-en une petite quantité dans le mélange jaunes d'œufs – sucre en fouettant bien, puis répétez l'opération et versez le reste de l'infusion sur le mélange. Faites cuire sur feu doux en tournant avec une spatule jusqu'à ce que la crème épaississe, puis passez-la à travers une passoire fine. Faites-la refroidir le plus vite possible en la remuant régulièrement. Vous pouvez poser le récipient sur de la glace pour la faire refroidir plus vite. Faites prendre le mélange en sorbetière.

Pour réaliser le soufflé, préchauffez le four à 190 °C (th. 6-7). Faites fondre le chocolat et le beurre au four à micro-ondes.

Battez les blancs d'œufs en neige. Quand ils sont à demi-montés, ajoutez le sucre et continuez de battre. Lorsque les blancs sont en neige ferme, ajoutez les jaunes d'œufs en soulevant le mélange avec une spatule en caoutchouc. Mélangez cette préparation au chocolat fondu en remuant délicatement.

Beurrez généreusement quatre moules à soufflé individuels, saupoudrez-les de sucre, renversez-les pour éliminer l'excédent. Versez-y la pâte à soufflé, lissez avec une spatule puis essuyez soigneusement le bord de chaque moule à l'aide de votre pouce, en détachant bien la pâte du bord du moule. Faites cuire 6 min au four.

Pendant la cuisson du soufflé, confectionnez la mousse fraise-poivron. À l'aide d'un mixeur plongeant, mixez les cubes de poivron et les fraises en purée. Passez la purée à travers une passoire fine, puis ajoutez le blanc d'œuf. Émulsionnez avec le mixeur plongeant jusqu'à ce qu'une mousse se forme. Recueillez cette mousse et mettez-la de côté. Mixez de nouveau plusieurs fois pour prélever le reste de mousse.

Posez chaque soufflé cuit sur un côté de l'assiette de service. Ajoutez 1 quenelle de glace au thym et posez sur celle-ci un peu de mousse fraise-poivron.

Préparation : 30 min - Trempage du riz : 12 h - Repos du riz : 1 h - Cuisson : 30 min
Pour 4 personnes

Sushis de fruits frais,
riz au lait de coco

200 g de riz gluant thaïlandais
50 cl de lait de coco en brique ou en boîte
125 g de sucre
1 cuil. à café de sel

Les fruits
1 banane un peu ferme
1 mangue mûre
1 kiwi
8 belles fraises
3 figues noires
1 orange

La veille, faites tremper le riz gluant dans de l'eau froide. Le lendemain, égouttez le riz. Déposez-le dans un panier de cuisson à la vapeur garni d'un morceau de mousseline. Faites cuire le riz environ 30 min à la vapeur ; il doit être cuit à cœur sans être pâteux.

Pendant ce temps, dans une casserole, faites chauffer le lait de coco avec le sucre et le sel en remuant avec une spatule. Portez à ébullition et retirez du feu.

Quand le riz est cuit, déposez-le immédiatement dans un récipient à couvercle hermétique. Ajoutez le lait de coco, mélangez bien avec une spatule, couvrez hermétiquement et laissez reposer 1 h. Au bout de ce temps, retirez le couvercle et étalez le riz sur un plat en une couche de 3 cm d'épaisseur pour le faire un peu sécher.

Épluchez les fruits : pelez la banane, la mangue et le kiwi, lavez et équeutez les fraises, rincez et essuyez les figues sans les peler. Pelez l'orange à vif, en tranchant dans la chair et en tournant autour du fruit.

À l'aide d'un couteau très tranchant, découpez les fruits en lamelles pas trop fines (environ 5 mm). Autant que possible, réalisez des formes carrées ou rectangulaires, sauf pour les fraises qui seront simplement tranchées dans le sens de la longueur et les bananes qui seront tranchées en rondelles. Les tranches de fraise et de banane doivent être un peu plus fines. Utilisez votre imagination et votre créativité.

Façonnez le riz en boulettes. Aplatissez un peu chaque boulette et recouvrez-les d'un fruit : 2 tranches de figue – 1 rectangle de mangue ou d'orange – 1 carré de kiwi – 3 ou 4 lamelles de fraise, etc.

Disposez joliment vos sushis de fruits sur le plat de votre choix et servez-les immédiatement. Effet assuré !

Préparation : 15 min - Cuisson : 30 min environ - Pour 3 bocaux

Confiture de tomates vertes

1 kg de tomates vertes (petites de préférence)
2 citrons non traités (de Menton ou d'Italie de préférence)
1 gousse de vanille
700 g de sucre

Selon la taille des tomates, coupez-les en deux, en quatre, ou laissez-les entières (équeutez-les). La confiture sera très jolie si vous la faites avec de petites tomates entières. Quoi que vous décidiez, ne retirez pas les pépins, qui aident à la gélification.

Lavez les citrons. Prélevez leur zeste avec un économe et taillez-le en très fines lanières. Pressez le jus. Fendez la gousse de vanille.

Dans une bassine à confiture, réunissez les tomates, le sucre, le zeste et le jus de citron, et la vanille. Portez doucement à ébullition en remuant fréquemment afin de bien faire fondre le sucre, puis laissez cuire environ 30 min en remuant souvent. Testez la cuisson de la confiture en versant quelques gouttes sur une assiette gardée au congélateur : quand les gouttes se figent, la confiture est prête.

Versez la confiture en bocaux jusqu'au bord, vissez le couvercle, retournez les bocaux tant que la confiture est encore bouillante, et laissez refroidir ainsi. Retournez à nouveau les bocaux. Gardez cette confiture dans un endroit sombre et frais. Elle est particulièrement délicieuse avec une boule de glace à la vanille.

Table des recettes

Table des matières

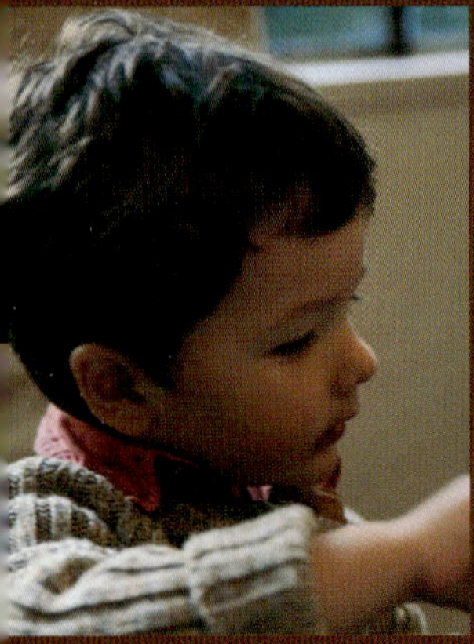

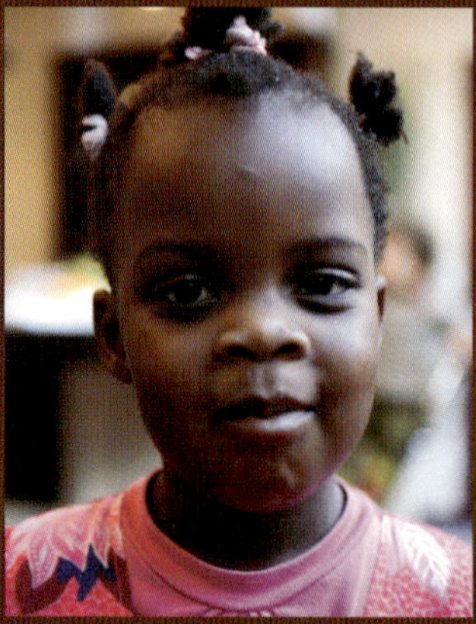

Merci à Virgile, Margot, Lilou, Adèle et Clément

Merci

à mes parents et à ma sœur, pour leur soutien ;
à Jean-François Moruzzi, pour la confiance qu'il m'a tout de suite accordée ;
à Brigitte Éveno… Un de plus ma Brigitte !
à Sophie Brissaud, pour nos réflexions en commun ;
à Michaël Roulier, photographe d'exception ;
à Emmanuel Turiot, pour ses talents de chef ;
à Philippe Vaurès-Santamaria, pour nos nombreuses séances photos, toujours uniques…
à Mateo Baronnet, pour la créativité dont il a fait preuve dans la mise en forme de l'ouvrage ;
à Johanna Rodrigues, pour ses talents de communication ;
à Julie Dupré, pour son aide ;
à FremantleMedia et M6, pour cette belle aventure qui continue ;
à Nicolas Chatenier, pour sa patience ;
à Agnès Fichot, car elle me protège comme un fils…
à tous mes amis chefs ; ils se reconnaitront…
à Pierre et Helena, pour leur gentillesse et tout ce beau parcours ;
à Matthieu Jean-Toscani et Sébastien Zibi, pour cette amitié qui nous lie depuis Oui Chef ! ;
à Laurence, qui partage ma vie et ma passion…

Mickaël Roulier et Emmanuel Turiot remercient Solène Haran et Maelle Henaff !

Prise de vue des recettes,
en haut avec Emmanuel Turiot, en bas avec Mickaël Roulier

Direction : Jean-François Moruzzi et Pierre-Jean Furet
Responsable éditoriale : Brigitte Éveno
Conception graphique et réalisation : mateo baronnet
Suivi éditorial : Julie Dupré
Préparation de copie et correction : Anne-Fleur Drillon
Fabrication : Amélie Latsch

Photogravure : Reproscan, Italie
Imprimé en Espagne par Graficas Estella

Dépôt légal : Janvier 2008
ISBN : 978-2-0123-7313-6
23-27-7313-01-2